CATALOGUE

DE

DESSINS ORIGINAUX

RÉUNIS EN RECUEILS

ŒUVRES IMPORTANTES DES SAINT-AUBIN

COMPOSANT LA COLLECTION

DE M. HIPPOLYTE DESTAILLEUR

ARCHITECTE DU GOUVERNEMENT

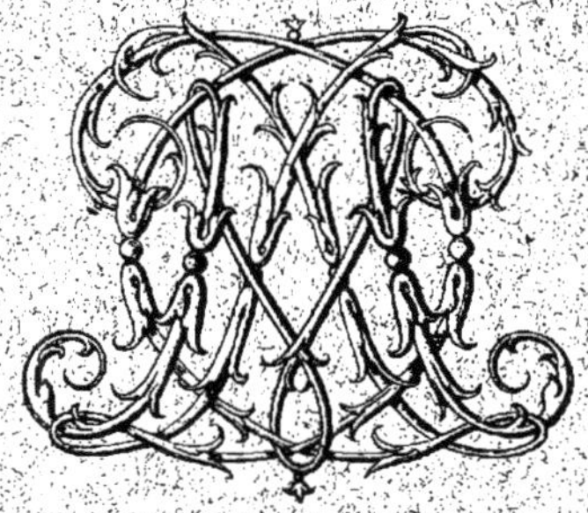

PARIS

DAMASCÈNE MORGAND

LIBRAIRE DE LA SOCIÉTÉ DES BIBLIOPHILES FRANÇOIS

PASSAGE DES PANORAMAS, 55

—

1893

CATALOGUE

DES DESSINS ORIGINAUX

DE LA COLLECTION DE

M. H. DESTAILLEUR

LA VENTE AURA LIEU

Les Vendredi **26** *et Samedi* **27** *Mai* 1893

A TROIS HEURES PRÉCISES DU SOIR

HOTEL DES COMMISSAIRES-PRISEURS

RUE DROUOT, 9

SALLE N° 10 AU PREMIER

Par le ministère de Me MAURICE DELESTRE, commissaire-priseur,

RUE DROUOT, 27

Assisté de M. D. MORGAND, libraire,

PASSAGE DES PANORAMAS, 55

EXPOSITION PUBLIQUE LE JEUDI 25 MAI

HOTEL DROUOT

DE DEUX HEURES A CINQ HEURES

ET A LA LIBRAIRIE DAMASCÈNE MORGAND

du Lundi 15 au Mercredi 24 Mai

CONDITIONS DE LA VENTE

La vente se fait au comptant.

Les acquéreurs paieront 5 p. 100 en sus des enchères, applicables aux frais.

L'exposition mettant le public a même de se rendre compte de l'état des dessins, il ne sera admis aucune réclamation une fois l'adjudication prononcée.

M. D. MORGAND remplira les commissions des personnes qui ne pourraient assister à la vente.

TABLETTES DU BIBLIOPHILE

Vente Destailleur

La vente des dessins collectionnés par M. Destailleur, dont j'ai, il y a quelques jours, signalé l'intérêt, a eu lieu avant-hier et hier. Les principaux prix d'adjudication ont été les suivants :

N° 7. — Recueil de dessins sur l'armurerie, l'équitation et la carrosserie, datant des XVI°, XVII° et XVIII° siècles, 11.550 francs.

N° 23. — Trente dessins, par Desrais, représentant des scènes de mœurs, modes et coiffures de la fin du dernier siècle : 3,600 francs.

N° 26. — Collection de 43 dessins à l'aquarelle, représentant des costumes de modes, par Horace Vernet, exécutés vers 1820 : 1,280 francs.

N° 30. — Collection de croquis et dessins à la plume, par Louis David : 2,550 francs.

N° 33. — Collection de dessins de vases et sujets d'histoire, par Delaune (XVI° siècle) : 5,200 francs.

N° 36. — Quarante dessins originaux de Duplessis-Bertaux pour le recueil dit des *Petits Conteurs* (1778) : 4.550 francs.

N° 41. — Album formé de 82 dessins de Fragonard, représentant des sujets antiques : 4.500 francs.

N° 66. — Recueil de dessins d'orfévrerie, par divers artistes du siècle dernier, dont Eisen : 5.000 francs.

N° 78. — Recueil de portraits de personnages illustres, du XVI° au XVIII° siècle. J'avais particulièrement signalé ce remarquable recueil, qui a atteint le prix considérable, mais justifié, de 12.200 francs.

N° 86. — Recueil de portraits des principaux personnages de la Révolution française, — 56 dessins originaux par Denon, Fragonard fils, etc. : 2.800 francs.

N° 98. — Recueil de 98 dessins de Cochin, Eisen, Moreau, etc. : 4.300 francs.

Passons à la collection des Saint-Aubin. Le n° 111, recueil de trois cents dessins dus à tous les membres de cette famille d'artistes, a atteint le prix que j'avais annoncé : 30,000 francs.

Le numéro suivant, album comprenant 116 dessins de Gabriel et d'Augustin de Saint-Aubin, a été vendu 29,000 francs.

Les catalogues de vente de tableaux illustrés de croquis dans les marges, par Gabriel de Saint-Aubin, ont été sérieusement disputés. Le n° 115 a trouvé preneur au prix de 950 francs.

Enfin le *Livre de caricatures* dont j'ai fait connaître l'intérêt historique et anecdotique, a été adjugé 3,520 francs.

Cette vente, dont je ne veux pas terminer le compte rendu sans rendre hommage de nouveau aux mérites du catalogue rédigé par les soins de la librairie Morgand, clôture pour les bibliophiles, si je ne me trompe, la campagne de 1893. — A l'année prochaine la grande, l'incomparable vente des livres du comte de Lignerolles !

D'EYLAC.

des députés, un nommé par le gouve
ment et trois élus d'accord par les port
de titres nominatifs de la Dette. Le gou
nement choisira le président parmi
Les membres de la Junte seront Portug

Paragraphe 7. — Il est accordé un
veau délai de trois mois, à dater de l
blication de la présente loi, lequel ne po
expirer avant le 1er septembre proc
inclusivement, pour la conversion d
Dette extérieure ou intérieure, dont
l'article 4 et son paragraphe du décre
13 juin 1892.

Paragraphe 8. — Le gouvernement d
tera les mesures nécessaires pour l'
accomplissement de la présente loi,
cessation des formalités spéciales obse
dans les semestres antérieurs, confo
ment à l'article 3 du décret du 13 juin

Paragraphe 9. — Le gouvernemen
relevé de la responsabilité qu'il avai
courue en publiant le décret du 13
1892.

Art. 2. — Demeure révoquée toute
lation contraire.

Les Fonds Russes finissent en hauss
Journal du ministère des finances de R
a publié la note qui suit :

« On rencontre presque constam
dans la presse étrangère des attaques
gées contre les mesures que le mini
des finances prend pour opposer un f
la spéculation sur le cours du roubl
taques qui tendent ostensiblement à
créditer ces mesures. On s'applique
tout à démontrer, dans la plupart des
cles en question, que ces mesures se
de nature à entraver le mouvement
lier du commerce, mais sans aboutir
sultat qu'on espérait en obtenir.

« Ces articles émanent à coup s
spéculateurs, qui ont effectivement
que raison de se plaindre des mesure
ses par le ministère des finances et
auxquelles ils se voient privés ou sér
ment menacés d'être privés très proc
ment du gain que leur procurait la
lation et auquel ils étaient habitués d
gue date, au point de le considérer c
étant même légitime.

« Les articles en question n'atteidro
le but qu'ils visent et toute tentati
réagir contre la ferme résolution du
tère des finances, de réprimer autar
possible les spéculations nuisibles a
dit public et à l'économie nationale, r
infructueuse. On continuera désorm
prendre sans la moindre hésitation
les mesures que l'on jugera néces
afin de faire cesser la spéculation

CATALOGUE

DE

DESSINS ORIGINAUX

RÉUNIS EN RECUEILS

ŒUVRES IMPORTANTES DES SAINT-AUBIN

COMPOSANT LA COLLECTION

DE M. HIPPOLYTE DESTAILLEUR

ARCHITECTE DU GOUVERNEMENT

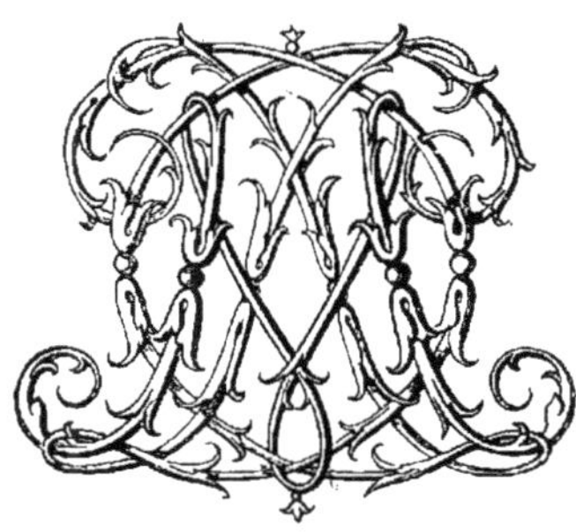

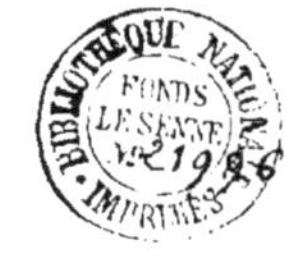

PARIS

DAMASCÈNE MORGAND

LIBRAIRE DE LA SOCIÉTÉ DES BIBLIOPHILES FRANÇOIS

PASSAGE DES PANORAMAS, 55

—

1893

DESSINS ORIGINAUX

DES XVIe, XVIIe, XVIIIe ET XIXe SIÈCLES

RÉUNIS EN RECUEILS

AMEUBLEMENT

1. Dessins de chaises, fauteuils, canapés, lits, etc. In-fol. veau marbré, fil., tr. rouge.

> Trente-quatre dessins à l'aquarelle et à la plume représentant divers modèles de meubles usités vers la fin du règne de Louis XVI. Ces dessins peuvent être attribués à *Charpentier* qui a fourni les originaux des gravures d'ameublement insérées dans le *Cabinet des Modes*. Intéressante collection.

ANONYMES

2. Raccolta di Disegni. *S. l. n. d.*, en un vol. pet. in-4, mar. rouge, dos orné, fil., tr. dor. (*Rel. anc.*)

> 181 dessins à la plume, le trait rehaussé, pour une *Iconologie*, ou un recueil d'*emblèmes* et d'*allégories*. Ces dessins, très-joliment exécutés au milieu du XVIe siècle, par un artiste vénitien, sont des plus curieux pour les costumes ; citons notamment ceux représentant un artiste, un marchand, un gentilhomme, un cavalier, etc.

3. Mémorial de la famille Baratti de Venise. 1651-1786, in-8

oblong, mar. rouge, riches dorures, tr. dor. et ciselée.
(*Rel. anc.*)

Ce livre des naissances, alliances et décès de la famille Barratti, établie
d'abord à Venise, ensuite en Portugal, est un fort volume sur papier qui est orné
de 9 dessins par *C. Locher, M. Bartel, Isaac Fisches* d'Augsbourg (Médée
rajeunissant Jason), *François-Frederic Franck* (très-jolie peinture, portrait
d'homme, signée et datée 1661), etc.

Le volume est dans une très-riche reliure à petits fers exécutée en Italie, dans
le style de *Le Gascon.*

La tranche ciselée porte 3 peintures représentant l'*Amour*, la *Fortune* et
l'*Espérance.*

4. Songes drolatiques de Pantagruel. In-4, cart.

Suite de 110 dessins à la sanguine. Copies exécutées au XVIIIe siècle des
figures attribuées à Rabelais, publiées en 1565.

5. Griffonnages et études diverses dessinées d'après nature à
Londres et aux environs en 1773, in-4, vélin.

Quarante-huit jolis dessins à la sépia, le trait à la plume, exécutés en
Angleterre par un artiste français, probablement élève de *Le Bas.* Scènes
rustiques, paysages, intérieurs de cabarets, scènes de mœurs, etc. Joli recueil.

6. Antiquités romaines, vases, bronzes, trépieds, bas-reliefs,
etc. En un vol. in-4, basane, fil.

Cent-quinze dessins à la sépia exécutés sur 49 ff. par un artiste français voya-
geant en Italie à la fin du XVIIIe siècle.

Quelques-uns des objets représentés se retrouvent gravés dans le *Recueil des
griffonnis de Saint Non.*

ARMURERIE — CARROSSERIE — ÉQUITATION

7. RECUEIL DE DESSINS SUR L'ARMURERIE, l'ÉQUI-
TATION et la CARROSSERIE. En un vol. in-fol. mar. rouge,
dos orné, double rangée de fil., tr. dor. (*R. Petit*).

Très-précieux recueil de dessins des XVIe XVIIe et XVIIIe siècles.

Armurerie — 13 dessins parmi lesquels nous citerons : 5 dessins du
XVIe siècle, détails de casques et de cuirasses ; différentes poignées d'épée, jolis
dessins attribués à *Woeiriot ; E. Delaune, Jacquart,* etc.

Equitation et *Tournois* — 18 dessins dont 3 grands dessins italiens du XVIe
siècle à la plume et à l'aquarelle, représentant les harnachements, pièces d'armes,
habillements du cavalier pour les tournois. Chaque objet représenté est accompagné d'une légende explicative ; un tournoi, dessin de *Della Bella ;* 14 dessins
de chevaux caparaçonnés et sellés pour joutes et tournois, ces dessins ont été
gravés dans l'album exécuté pour Rodolphe II en 1585, d'après des dessins attribués
à *Hoefnagel.*

Carrosserie — 70 dessins français et italiens, soit de carrosse complet, soit de
détails d'ornementation. Parmi ces dessins nous citerons un beau dessin de
Carrache, litière du pape Clément VIII, 2 dessins à l'aquarelle de *D. Marot* du

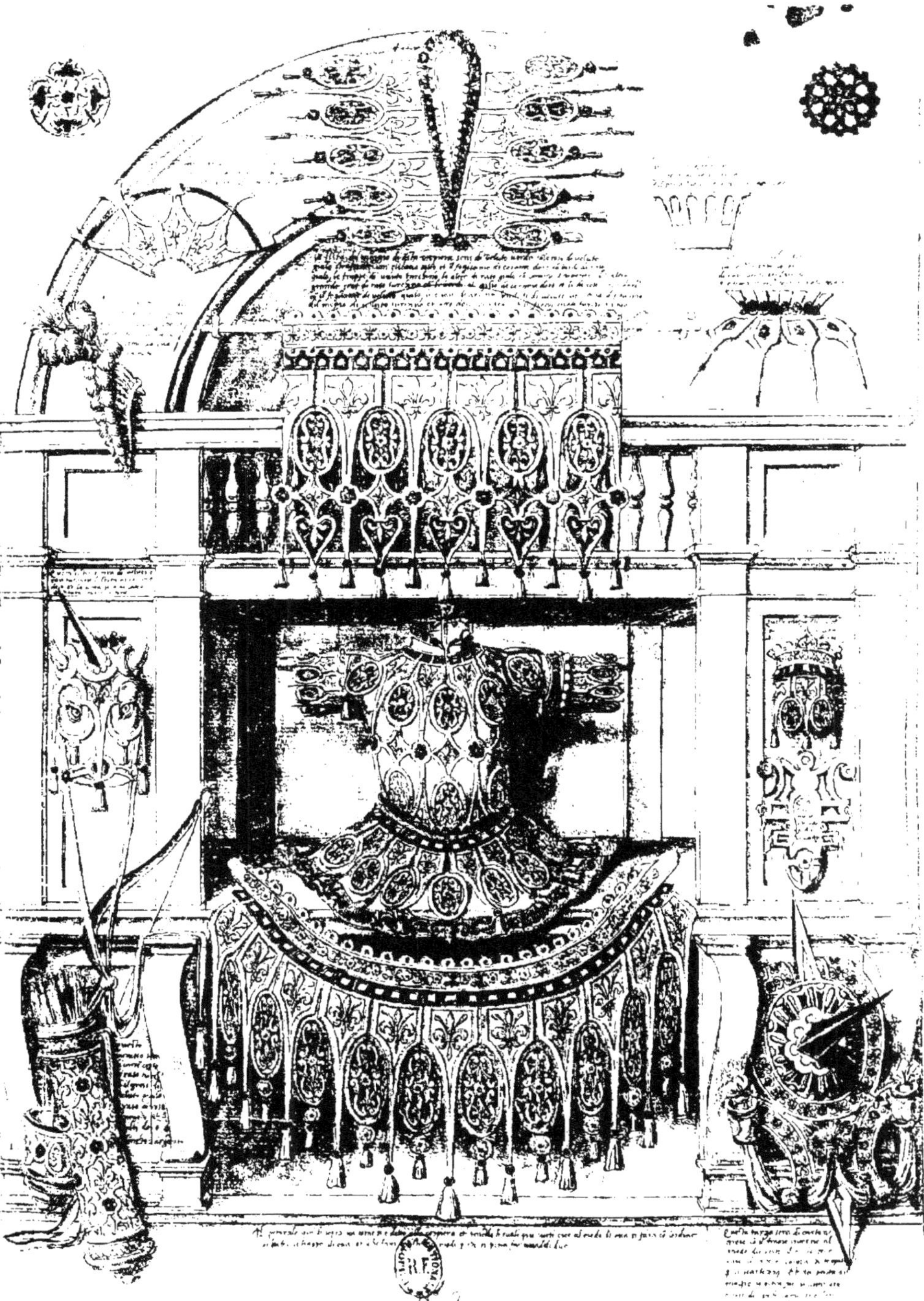

carrosse du roi de la Grande-Bretagne construit à La Haye en 1698; un magnifique carrosse de gala italien du XVIII° siècle, (2 dessins), 5 dessins de vis-à-vis
et de diligence à l'aquarelle par *Lalonde*, un dessin de *Percier* représentant la
voiture de gala de Napoléon Ier, une aquarelle de *Eugène Lami*, etc.

Le volume débute par un grand dessin, servant de frontispice, représentant la
porte de l'Arsenal de Paris à la fin du XVI° siècle.

Ensemble 97 dessins.

8. Dessins et décorations de Carrosses et chaises à porteurs. En un vol. in-4, veau marbré, fil., tr. rouge.

45 dessins à la plume exécutés en France au XVIII° siècle par un artiste de
l'école d'*Oppenord*.

Parmi les cartouches et écussons, on remarque fréquemment la lettre P
surmontée d'une couronne de Marquise, ce qui permet de supposer que ces dessins
ont été exécutés pour Madame de Pompadour.

9. Recueil de quarante-sept dessins originaux de C. Parrocel. En un vol. in-fol. cart.

Dessins originaux à la sanguine exécutés pour l'*École de Cavalerie* de M. de
La Guérinière, publiée en 1751. La plupart de ces dessins sont restés inédits.

En tête le portrait de *Parrocel* gravé par *Cochin*.

BELLAY

École française (XVIII° siècle).

10. Dessins d'Ecrans a main à la chinoise, panneaux, arabesques, etc. En un vol. in-4, cart.

Très-beau recueil de 64 dessins de *Bellay*, très-finement exécutés à la sanguine,
au crayon et à la pierre d'Italie, représentant pour la plupart des écrans à main,
avec motifs chinois au centre et aussi des écrans avec encadrements seuls formés
d'arabesques dans le genre rocaille.

Ces dessins très-gracieux, qui rappellent les compositions de *Pillement*, ont
été exécutés au milieu du XVIII° siècle, époque à laquelle *Bellay* exerçait son
métier d'ornemaniste à Paris.

La plupart de ces dessins ont été gravés et publiés en suites par *Huquier*.

BERNIER

École française (XIX° siècle.)

11. Décorations théâtrales, in-4 oblong, vélin vert.

30 dessins à la plume et à l'aquarelle. Le même volume contient 90 dessins et
croquis, par *Thibaut* et *Lemoine*, portraits, vues de villes, scènes champêtres,
dessins de portraiture, etc., parmi lesquels nous signalerons surtout un joli
portrait de femme peint à l'aquarelle.

BOUCHET (Jules-Frédéric)

École française (1799-1860.)

12. Album contenant quarante-et-un dessins à la sépia représentant des vues de Rome et d'autres villes d'Italie. 1829-1830. In-4 cart.

> Très-jolie suite de dessins finement exécutés, animés de nombreux personnages. On a ajouté à cet album 15 dessins de costumes italiens dessinés à l'aquarelle par *Thomas*.

CHINE

(XVIIIe siècle.)

13. ALBUM DE DESSINS CHINOIS. In-fol., demi-rel. dos et coins de mar. rouge.

> Huit superbes dessins à l'aquarelle mesurant chacun 68 c. de hauteur sur 110 c. de largeur, exécutés au siècle dernier. Ils représentent : 1° Une revue militaire ; 2° Une audience de l'Empereur ; 3° Des exercices militaires ; 4° Un défilé avec objets de ménage ; 5° Une visite dans une maison chinoise ; 6° Une scène d'intérieur ; 7° Un mandarin tenant le soc d'une charrue dans une fête agricole ; 8° Procession de diverses idoles.

COCHIN (Ch.-Nicolas)

École française (1715-1790.)

14. Dessins originaux de C. N. Cochin pour les Contes de La Fontaine. En un vol. in-4, veau marbré, fil., tr. rouge.

> Quinze dessins originaux à la mine de plomb sur VÉLIN. Ces charmants dessins ont été gravés par *Fessard* pour l'édition des Contes publiée en 1745.

On ne s'avise jamais de tout.	La Jument du compère Pierre.
Le petit chien.	Le Cuvier.
Les deux amis.	La Chose impossible.
Le baiser rendu.	La Confidente sans le savoir.
La Mandragore.	Les Aveux indiscrets.
La Courtisane amoureuse.	Le Quiproquo.
Nicaise.	Le Rossignol.
Le Diable de Papefiguière.	

COSTUMES

15. RECUEIL DE COSTUMES DE DIVERSES NATIONS, in-4, mar.

olive, riches comp. de fil. et de feuillages, tr. dor. (*Rel. anc.*)

Cent-huit dessins à l'aquarelle exécutés en Italie au XVIe siècle représentant des costumes italiens, français, turcs, persans, etc.

Ce recueil est dans une riche reliure à la fanfare parfaitement conservée.

16. Coiffures d'hommes et de femmes pour ballets d'après maître Roux. Pet. in-fol. demi-rel. dos et coins de mar. rouge.

Suite de vingt dessins à la plume, au crayon et à la sanguine. Ont été gravés au XVIe siècle par *René Boyvin*.

17. COSTUMES DE DIFFÉRENTS PEUPLES par Jacques Bellange. In-4 veau fauve, fil., tr. dor. (*Petit.*)

Vingt-huit très-jolis dessins exécutés sur VÉLIN aux crayons de couleur et rehaussés d'or, par *Jacques Bellange*, peintre et graveur de Nancy (1594-1638).

Parmi les costumes citons ceux des capitaines français et espagnols, de la bergère Armide, des comédiens Italiens et Romains, de Roger Bontemps, de Bari opérateur, du Polonais, du Turc, de l'Arménien, des Caraïbes de l'Amérique (homme et femme), des rois de la Floride, de la Virginie, de la duchesse de la Virginie, de l'homme et de la femme du Brésil. Chacun des dessins porte la signature de l'artiste.

18. Gueux, bouffons et bravaches, par P. Quast, 1638, in-4 obl., cart.

Suite de 9 dessins originaux à la mine de plomb sur VÉLIN.

19. COSTUMES DE BALLETS de l'époque Louis XIV. En un vol. in-fol., veau marbré, fil., tr. rouge.

Très-belle suite de un frontispice allégorique et de 19 aquarelles exécutés sur des traits de gravure d'après les dessins de *Bérain*.

A la suite 2 figures de cavaliers richement habillés pour carrousels, aquarelles exécutées sur traits de gravure.

20. LES CRIS DE PARIS au commencement du XVIIIe siècle. In-4, mar. brun, dent., tr. dor. (*Petit.*)

Charmants dessins au nombre de 48, très-spirituellement exécutés à l'aquarelle, le trait à la plume, au v^o d'un jeu de cartes.

Ces dessins montés à la *Glomy* sont accompagnés de leur légende.

21. DIFFÉRENTS SUJETS DES RUES DE PARIS, composés et peints par J. Houel de Rouen, 1764, in-4, mar. rouge, double rangée de fil., tr. dor. (*Petit.*)

Charmante suite de 60 jolies aquarelles représentant les différents métiers des rues de Paris.

En tête titre manuscrit et explication des sujets.

22. Acteurs de la Comédie Italienne vers 1750, in-4, mar. brun, dent., tr. dor. (*Petit.*)

> Seize jolis dessins à l'aquarelle exécutés au vᵒ de cartes à jouer. Le volume renferme en outre le dessin original à la plume d'une : Carte d'entrée pour la Comédie italienne, un dessin au crayon sur papier bleu représentant une loge à l'Opéra et 3 dessins divers. Ensemble 21 dessins.

23. Trente Dessins par Desrais représentant des Scènes de Mœurs, Modes et Coiffures du XVIIIᵉ siècle. En un vol. in-4, mar. bleu, dos orné, fil., tr. dor. (*Cuzin.*)

> Très-joli titre dessiné et calligraphié par *Loizelet* et 32 dessins à la plume, rehaussés de sépia par *Desrais*. Ces dessins, qui représentent pour la plupart des scènes galantes, ont été gravés en partie dans la *Gallerie des Modes et Costumes*.
> Le dernier dessin a pour titre le Maître de Musique à la Grecque ; il est curieux pour les coiffures. Deux dessins nous donnent les portraits de Louis XVI et de Marie-Antoinette. Citons aussi les dessins originaux des gravures : *La Protestation d'amour, le Cocu battu, Syndic à la promenade*, etc.

24. Costumes italiens à la fin du XVIIIᵉ siècle. Vingt croquis au crayon noir. In-12, mar. rouge, dos orné, dent., tr. dor. (*Rel. anc.*)

> Jolie reliure avec armoiries de la maison de Savoie.

25. Costumes parisiens au commencement du XIXᵉ siècle. En un vol. pet. in-fol., veau marbré, tr. rouge.

> Intéressante série de 55 dessins au trait à la plume dans le genre de *Desrais*.
> Le même volume contient : 1ᵒ 18 jolis dessins à l'aquarelle par *Lanté*. Costumes de femmes vers 1820. Ces dessins ont été gravés dans un journal de modes.
> 2ᵒ 10 dessins au crayon noir de costumes de femmes également par *Lanté*.
> 3ᵒ 2 dessins au crayon noir par *Gavarni*.
> 4ᵒ 4 dessins, caricatures, scènes de mœurs, paysages, etc., par *Desrais, Mérimée, Marlet, Thomas*, etc.
> Ensemble 126 dessins.

26. Costumes de Modes, dessinés par Horace Vernet (*Vers 1820*). En un vol. in-4, demi-rel. dos et coins mar. rouge.

> 43 charmants dessins à l'aquarelle par *Horace Vernet*, costumes d'hommes et de femmes. Ces dessins ont été gravés dans le *Journal des Modes* de La Mésangère.

27. Coiffures des femmes à l'époque de la Restauration, in-fol., demi-rel. mar. vert.

> 142 dessins au crayon noir par *Lanté*, représentant 71 coiffures (devant et derrière) exécutées par Mulot, Plaisir, Guillaume, Jouenne, Albin, Hippolyte et autres coiffeurs parisiens de cette époque. Très-curieuse série.
> Le même volume contient 6 dessins de costumes.

28. Les Types de la Commune, par Bertall. *Paris*, 1871, in-4, veau fauve, fil., tr. dor.

> 21 dessins originaux au crayon et à l'aquarelle. Ont été lithographiés.
> Le même volume contient deux dessins à la plume rehaussés de sépia, par *Varin*, représentant les ruines de monuments de Paris, détruits par la Commune.

DAVID (Louis)

École française (1748-1825).

29. ALBUM DE CROQUIS. In-4, mar. vert, fil., dorures, tr. dor.

> Précieux recueil de dessins et croquis de *Louis David*. Parmi les 42 dessins qui le composent, la plupart sont des études pour le tableau du *Sacre de Napoléon Ier*: citons notamment les portraits de l'impératrice Joséphine et des parents de Napoléon exécutés d'après nature.
> Le volume renferme un f. de notes autographes au crayon de *David*.
> Cet album provient de la bibliothèque du prince Napoléon. Les armes impériales ornent la reliure, et le volume est précédé et suivi de 2 gardes blanches avec le profil de l'empereur et l'aigle dans le filigrane.
> Portrait de Napoléon Ier, dessin original de *Duvivier*, ajouté.

30. Livre de croquis. In-4, cart.

> 45 feuilles avec de nombreux croquis et dessins à la plume et au crayon parmi lesquels nous citerons : onze études pour le *Léonidas*, dont une esquisse arrêtée de l'ensemble du tableau, le dessin de *Marat assassiné par Ch. Corday*, le portrait de Pie VII, dessin au crayon très-achevé, original du célèbre tableau de Fontainebleau, un fragment du *Serment du jeu de paume*, costumes antiques, etc.
> Ce précieux recueil provient de la vente de Mme Mongez, dont le portrait à la plume occupe le premier f.

DE LA BELLE (Etienne)

École italienne (1610-1664.)

31. ALBUM DE CROQUIS et de dessins. Année 1640, in-4 oblong, rel. en peau de mouton. (*Rel. anc.*)

> Très-bel album de croquis et dessins à la plume exécutés avec beaucoup d'esprit et de talent par *Stefano della Bella*, le célèbre graveur italien.
> Les dessins qui composent ce recueil datent de l'époque où l'artiste était à Paris; on y remarque plusieurs vues et croquis pris dans cette ville et dans les environs. Citons des vues de Charenton, le gibet de Montfaucon, une vue des Tuileries avec le portrait de l'artiste, le pont de St-Cloud, l'église de Boulogne-sur-Seine, un bastion de la Bastille, la porte St-Bernard, Notre-Dame, la porte de l'hôtel de Nesles, Montmartre, le Luxembourg, le château de St-Maur, etc. Quelques-uns de ces dessins ont été gravés par *Silvestre*.
> Ce précieux volume provient de M. BENJAMIN FILLON.

32. Recueil de dessins originaux, 1630-1654, en un vol. in-4, vélin.

Sous ce titre se trouvent réunis 194 dessins et croquis de *Della Belle* à la plume et au crayon. Ces esquisses sont exécutés avec la finesse et l'esprit qui caractérisent le maître-graveur.

Une série importante représente des cavaliers et des combats.

En-tête 2 feuilles sur vélin avec 4 aquarelles, vues de Paris.

DELAUNE (Étienne)

École française (1519-1583.)

33. Dessins de vases et sujets d'histoire. En un vol. in-fol. tr. dor. (*Petit.*)

Très-précieux recueil de 27 dessins dont voici le détail :

1° Allégorie sur les sciences mathématiques, superbe dessin à la plume sur vélin, légèrement rehaussé :

2° Coupe richement ornée avec son couvercle, dessin à la plume sur vélin ;

3° Autre coupe à miel richement ornée, dessin à la plume sur vélin ;

4° Suite de neuf dessins sur vélin à la plume rehaussés d'aquarelle représentant les faits mémorables de Romains illustres, Coriolan, H. Coclès, M. Scévola, Scipion, etc.

Ces superbes dessins sont compris dans des cartouches Renaissance rehaussés d'or ; ils sont accompagnés d'explications écrites sur 9 feuillets séparés de même dimension que les peintures, dans de riches et élégants encadrements dessinés à la plume;

5° Une feuille de croquis allégoriques sur l'astrologie, la musique, la géométrie, etc., grand dessin à la plume.

Ensemble 22 dessins d'*Étienne Delaune.*

Le même volume renferme 5 dessins à la plume de divers artistes de la même époque : Frontispice du Poliphile de 1546 ; fond de coupe ; scène historique ; triomphe de Cérès ; frontispice d'un ouvrage sur l'art de l'escrime.

DORLY

École française (XVIIIᵉ siècle.)

34. Principe de Dessein fait pour Monseigneur le Prince de Camille, par son très-obéissant et très-respectueux serviteur d'Orly, son maître à dessiner. (*Nancy*), 1750, in-fol., veau, fil. (*Rel. anc.*)

Titre calligraphié et 48 dessins au crayon noir, études de la figure humaine, d'animaux, de paysages, etc.

Ce recueil a été fait pour le prince Camille de Lorraine dont les armes se trouvent sur les plats de la reliure. Le dos est orné de la croix de Lorraine.

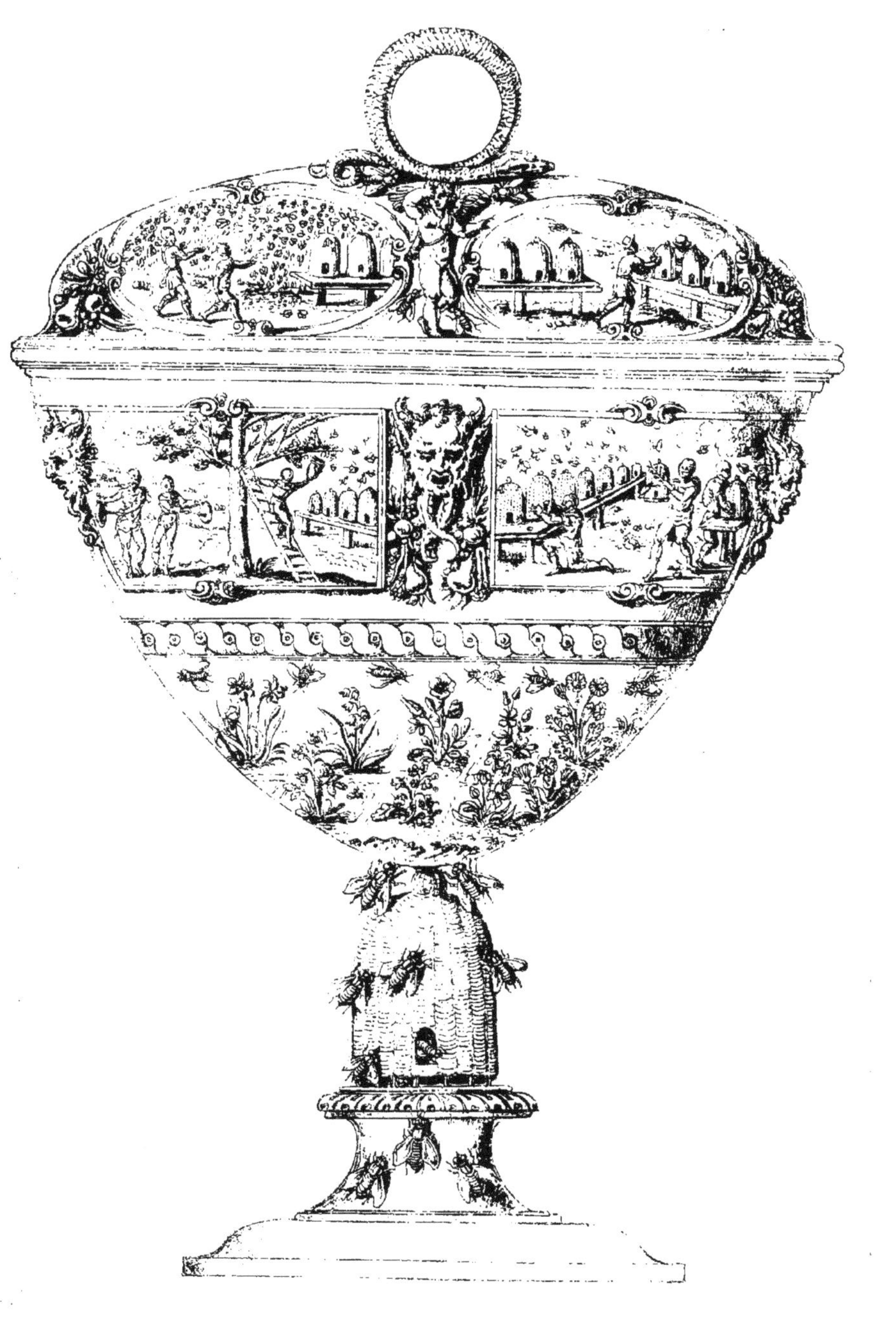

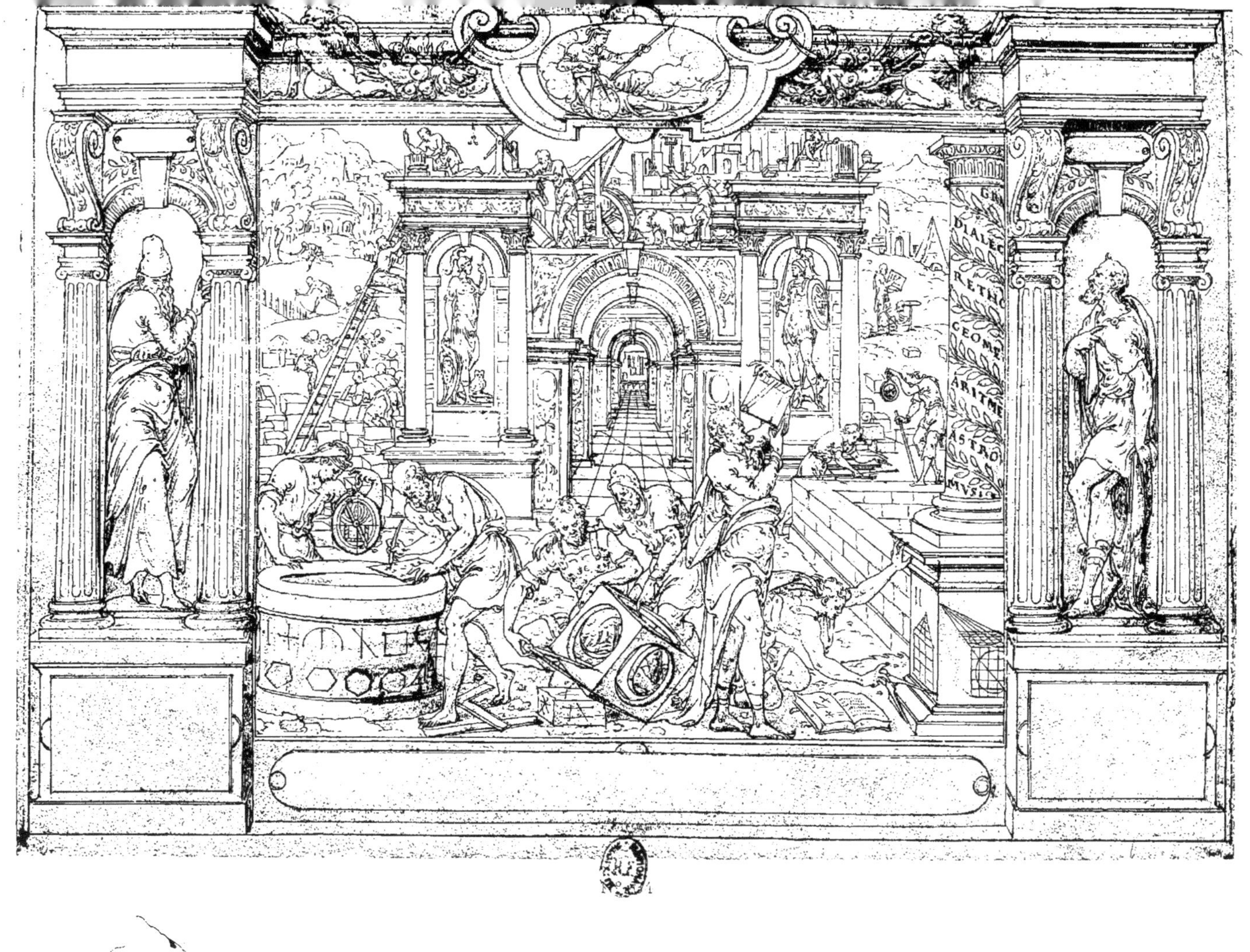

G
DIALEC
RETH
GEOME
ARITME
ASTRO
MVSIC

DUNOUY (Alex.-Hyacinthe)

École française (1757-1843.)

35. Livre de croquis de Dunouy, peintre de paysages de la Reine des deux Siciles, in-4 obl. mar. rouge, tr. dor.

> 52 dessins à la sépia, vues de Naples, de Rome, de Capri, de la Sicile, etc.
> *Dunouy* était l'élève de *Briand*.
> La reliure porte le chiffre de la reine de Naples.

DUPLESSIS-BERTAUX

École française (1747-1813)

36. Dessins pour les Contes de La Fontaine, Senecé, Perrault, Grécourt, etc. In-4, en feuilles.

> Quarante dessins originaux très-finement exécutés à la mine de plomb sur *vélin* pour le *Recueil des meilleurs contes en vers*, Londres (Paris), 1778, 4 vol. in-12.

La Mandragore.	Le Faiseur d'Oreilles.
Les Rémois.	Le Revenant.
La Courtisane amoureuse.	Promettre est un, et tenir est un autre.
Nicaise.	Le Kaïmak.
Comment l'esprit vient aux filles.	L'Esprit fort.
L'Abbesse malade.	Le Rajeunissement inutile.
Les Troqueurs.	La Nouvelle Ève.
Le Cas de Conscience.	Le Cuisinier scrupuleux.
Le Diable de Papefiguière.	La Linotte de Jean XXII.
Féronde.	Le Solitaire et la Fortune.
Le Pseautier.	Les Cerises.
Le Roi Candaule.	Nabuchodonosor.
Le Maître en droit.	Les Petits Bateaux.
Le Diable en enfer.	L'Ave Maria.
La Jument du compère Pierre.	Rosine.
Les Lunettes.	Le Nez et les Pincettes.
Le Cuvier.	Le Cordelier Requin.
La Chose impossible.	Le Cordelier Cheval.
Le Tableau.	Pygmalion.
Le Bât.	Le Rendez-vous inutile.

> Trois de ces dessins sont signés *Bertaux* et datés 1774.
> De la collection Mahérault.

37. Recueil de dessins. En un vol. in-fol. cart.

> Vingt-deux dessins à la plume et à la mine de plomb exécutés avec une extrême finesse.
> Le Saint Viatique porté à un membre d'une confrérie, joli dessin qui, suivant une mention douteuse, aurait été exécuté par l'artiste à l'âge de 7 ans, en 1757. — Dessin d'un Brevet militaire (1800), (a été gravé). — La Charrette révolutionnaire,

1793. — Portraits de Napoléon, du marquis de Ximénès, du maître d'armes Lebrun, de Granmesnil, de Baptiste, de Rozière, de Monvel et autres acteurs : Scènes populaires et parisiennes, etc.

FLAMEN (Albert)

École française (XVII° siècle)

38. Vues de Longuetoise et des environs d'Etampes. En un vol. in-4 veau marbré, fil., tr. dor.

> Recueil de 30 dessins originaux à la plume par *Flamen* dont le monogramme se trouve sur quelques-uns.
> *Flamen* a gravé à l'eau-forte une suite de 12 pl. sur Longuetoise ; ce recueil contient 8 dessins originaux de cette suite, par contre 22 sont restés inédits.

39. Modèles pour apprendre à dessiner. *S l. n. d.* (*vers* 1660), in-4 obl., veau marbré, fil., tr. rouge.

> 80 dessins à la plume sur 40 feuilles : Paysages, vues de villes, scènes villageoises, etc.

40. Modèles pour apprendre à dessiner. *S. l. n. d.* (*vers* 1660), in-4 oblong, veau marbré, fil., tr. rouge.

> Suite de 25 dessins originaux à la plume par *Albert Flamen*.
> Scènes militaires, chevaux, cavaliers, hommes d'armes, batailles, châteaux forts, etc. Ces spirituels dessins finement exécutés paraissent avoir été faits pour servir de modèles aux pages du Roi.

FRAGONARD (Honoré)

École française (1732-1806)

41. ANTIQUITÉS ROMAINES, satyres et nymphes, bacchanales, etc. *S. d.* (*vers* 1760), in-4, veau, dent. (*Rel. anc.*)

> Précieux album de 82 dessins au crayon noir sur 35 feuilles.
> Ce sont les originaux d'une partie des compositions de *Fragonard* gravées dans le *Recueil des griffonnis de l'abbé de Saint-Non*, croquis exécutés dans le cours d'un voyage fait en Italie par l'artiste de 1759 à 1761.
> Provient de la Collection MAILAND.

GHEYN (Jacques de)

École hollandaise (XVII° siècle.)

42. Dessins originaux de Jacques de Gheyn, pour le manie-

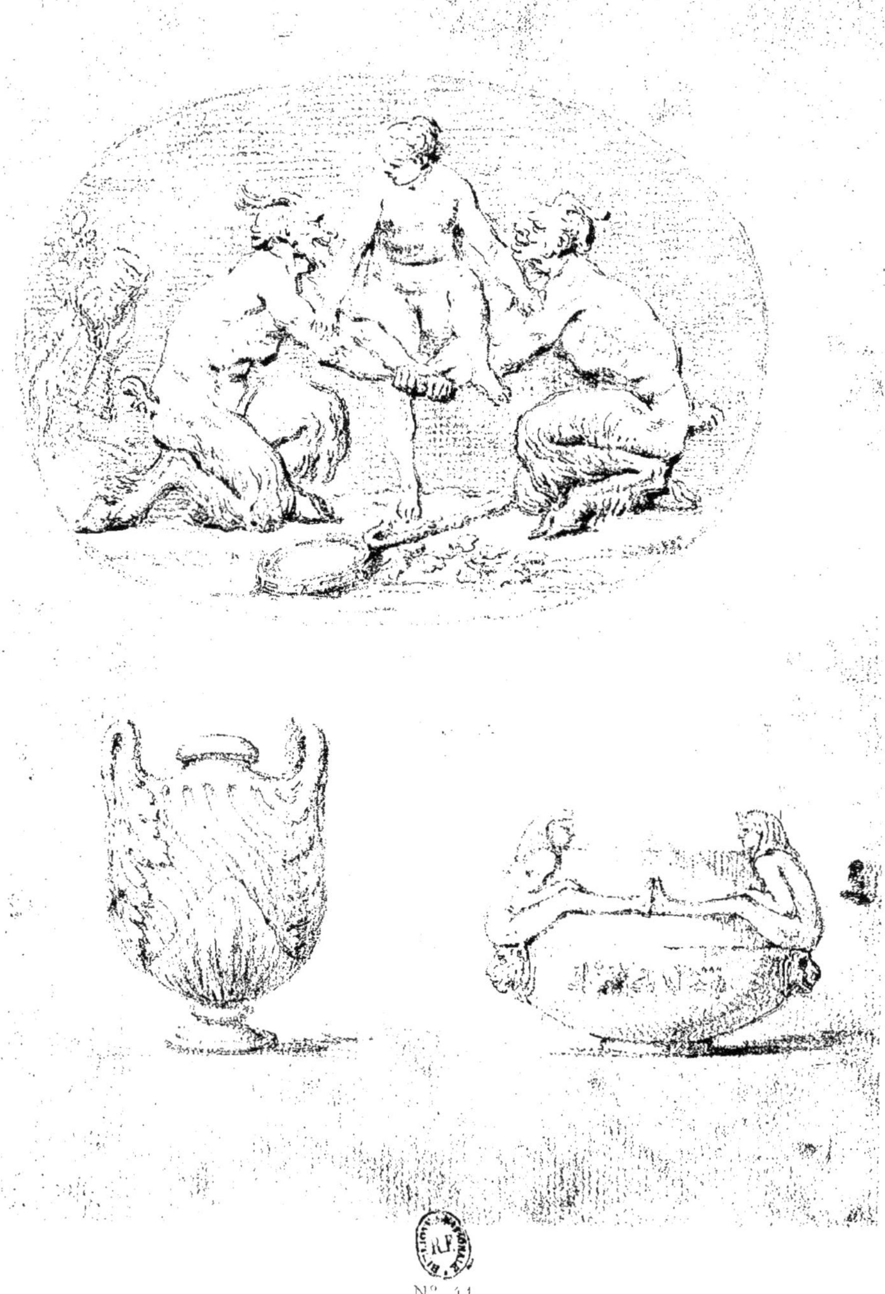

N° 11

ment d'armes, arquebuses, mousquets et piques, représenté
par figures. *Amsterdam*, 1609, in-fol., veau marbré, fil., tr.
rouge.

Titre moderne, copié sur celui de l'édition de 1609 et 67 dessins originaux à la
plume et à l'aquarelle. Un certain nombre de ces dessins portent des légendes
en allemand.

GIRODET DE ROUCY TRIOSON (Anne-Louis)

École française (1767-1824.)

43. Album de croquis. Pet. in-8, demi-rel.

36 feuilles de cet album portent des croquis au crayon noir. Vues de monuments, têtes d'après l'antique, paysages, etc.

GRANET (François-Marius)

École française (1775-1849.)

44. Album de dessins représentant des vues de Rome et de
Tivoli. En 2 vol. in-4 demi-rel. vélin.

Soixante-douze dessins très finement exécutés à la sépia et à l'aquarelle en
1809 et 1810.

45. Album de dessins, croquis, esquisses et charges, exécutés
à Rome de 1822 à 1824. En un vol. in-4 oblong, demi-rel.
veau vert.

Album composé de 61 dessins à la plume, à la sépia et à l'aquarelle et de
9 lettres autographes du peintre ; il paraît avoir été formé par le chevalier Artaud
chargé d'affaires à Rome.

46. Vues de Rome et de Tivoli, 1809-1810, in-4, cart.

Dix-huit dessins à la sépia.

INGRES (Jean-Auguste-Dominique)

École française (1780-1867.)

47. Carnet de croquis. Un vol. in-4, vélin.

Précieux album d'environ 100 croquis au crayon et à la plume datant de la
jeunesse du peintre. On y trouve aussi des notes manuscrites de l'artiste.
Ce volume provient de Théophile Gautier, à qui il fut offert par *Ingres*.

LAGRENÉE (Louis-Jean-François)

École française (1724-1805.)

48. Vues de Rome et de ses environs, 2 vol. in-4, vélin.

> Recueil de 149 dessins à la sépia exécutés vers 1750, alors que le peintre Lagrenée était à Rome comme pensionnaire du gouvernement français. Ces recueils sont très-précieux pour l'histoire des monuments de la ville de Rome.

LANTÉ (Louis-Marie)

École française (1789-18 .)

49. Album de croquis. *Vers* 1830, in-8, cart.

> 80 pages de cet album sont ornées de dessins au crayon noir, à la plume et à l'aquarelle. Intéressant pour les costumes.

LE CLERC (Sébastien)

École française (1637-1714.)

50. Lettres ornées, en-têtes et fleurons, par Sébastien Le Clerc et Sevin. *Vers* 1680. En un vol. in-4, veau marbré, fil., tr. rouge.

> Dessins originaux à la plume et à l'aquarelle.
>
> De *Sébastien Le Clerc*, ce volume renferme : 6 lettres ornées, 8 en-têtes, 7 culs-de-lampe et fleurons, la plupart avec armoiries ; un en-tête pour les *Quatre Dialogues*.
>
> De *Sevin* : Peinture à fresque du cloître du couvent Ste-Marie ; faubourg St-Jacques ; mausolée pour Mlle de Bouillon et Frontispice de l'église des Missions étrangères pour l'inhumation du cœur de Mlle de Bouillon ; et 3 dessins divers. Ensemble 28 dessins.

MARILLIER (Pierre-Clément)

École française (1740-1808.)

51. Seize dessins originaux pour les œuvres de Pope, in-8, *en feuilles*.

> Dessins à la plume et à l'encre de Chine. Ont été gravés pour l'édition des *Œuvres* publiée à *Paris* en 1778, 8 vol. in-8.

52. Trente-trois dessins originaux pour les Œuvres de l'abbé
Prévost, 1783-1784, in-8, *en feuilles*.

Dessins à la plume et à l'encre de Chine pour *Manon Lescaut, Mémoires d'un
honnête homme, Cleveland, le Doyen de Killerine, Grandisson, Paméla*, etc.

53. Quatorze dessins originaux pour les Œuvres de Jean-
Jacques Rousseau, in-8, *en feuilles*.

1° 8 dessins pour la *Nouvelle Héloïse*, édition de *Londres*, 1783, in-12,
2° 6 frontispices pour les *Œuvres*, édition de *Paris, Poinçot*, 1788, in-8.
Ensemble 14 dessins, esquisses très-soignées, à la plume et à l'encre de Chine.
Légendes manuscrites.

54. Sept dessins originaux pour les Œuvres du Comte de
Tressan, 1787-1789, in-8, *en feuilles*.

Dessins à la plume, à l'encre de Chine. Ont été gravés pour l'édition des
Œuvres en 12 vol. in-8.

55. Onze dessins originaux pour les Illustres français. *Vers
1790*, in-4, *en feuilles*.

Dessins à la plume et à l'encre de Chine.
Portraits de Mme Deshoulières, Turenne, Suger, Louis XII, Bossuet, Rousseau,
Olivier de Serres, Puget, etc.

56. Treize dessins originaux pour les Amours du chevalier de
Faublas, 1798, in-8, *en feuilles*.

Dessins à la plume et à l'encre de Chine. Dix de ces dessins ont été gravés
pour l'édition en 4 volumes in-8 avec 27 figures d'après *Marillier* (10). *Monsiau*,
Mlle *Gérard*, etc. Les 3 autres dessins destinés à cette même suite sont restés
inédits.

57. Quarante dessins originaux pour les Aventures de Télé-
maque, Psyché, le Théâtre du Monde, l'Histoire universelle, etc., in-8, *en feuilles*.

Dessins à la plume et à l'encre de Chine.
Ces croquis, premières pensées de l'artiste, proviennent, ainsi que les collections décrites ci-dessus (N° 51-56), du portefeuille de l'artiste et en dernier lieu
de M. le Marquis de Fourquevaulx.

MICHEL (Georges)

École française (1763-1843).

58. Vues de Paris. En un vol. in-4, demi-rel. dos et coins de
mar. rouge.

34 dessins au crayon noir sur 26 feuilles : Montmartre, Quai de Bercy, Clos
St-Lazare, le Louvre, St-Séverin, Place de la Concorde, le Carrousel, etc.

59. Recueil de dessins de paysages au crayon noir et au fusain.
En un vol. in-8, cart.

> 34 dessins et croquis : l'abside de Notre-Dame , une rue à Montmartre, à
> Vaugirard, à la Glacière, etc.
> Georges Michel fut élève du peintre Leduc.

MOREAU LE JEUNE (Jean-Michel)
École française (1741-1814).

60. Album de croquis. 1785, in-8, veau, tr. rouge. (*Rel. anc.*)

> 32 croquis, études d'hommes et de femmes, vues de monuments, etc., au
> crayon et à la plume.
> On lit sur le premier plat de la reliure : *Mr Moreau le J^{ne}*, 1785.
> De la bibliothèque du relieur Capé.

NICOLE (V. J.)
École française (XIXe siècle).

61. Vues de Rome, Venise, Florence, Bologne, Naples, etc. En
2 vol. in-4, veau.

> 274 dessins à la plume , au bistre et à l'aquarelle représentant les principaux
> monuments d'Italie. Quelques dessins à l'aquarelle sont d'une très-grande finesse.

62. Vues d'Italie. En un vol. pet. in-fol., cart.

> 32 dessins à la plume et à l'aquarelle, vues de Venise, de Rome et de Naples,
> exécutées de 1787 à 1800. La plupart de ces dessins sont signés, notamment le
> dernier, jolie aquarelle donnant une vue de Venise.

63. Paysages de France et d'Italie. In-4, cart.

> 23 dessins au crayon noir.

ORFÈVRERIE — JOAILLERIE

64. MODÈLES D'ORFÈVRERIE RELIGIEUSE ET CIVILE
du XVIIIe siècle. En un vol. in-fol., demi-rel. dos et coins
de mar. rouge, tr. rouge.

> Précieux recueil de 242 dessins exécutés par des artistes français, anglais et
> principalement allemands.
> Ces dessins à l'aquarelle, à l'encre de Chine, à la plume, à la sanguine, etc.,
> représentent ensemble 448 objets; surtouts de table, réchauds, vases et aiguières,

services de table, flambeaux, miroirs, plateaux, cloches, calices, croix épiscopales, crosses, etc., etc.

Véritable encyclopédie de l'art de l'orfèvrerie au siècle dernier.

65. Modèles d'orfèvrerie religieuse et civile du dix-huitième siècle. En un vol. in-fol., veau marbré, fil., tr. rouge.

Superbe recueil contenant 39 dessins dont 28 sont l'œuvre d'artistes français et 10 l'œuvre d'artistes italiens.

Parmi ces dessins nous citerons :

3 grands dessins au crayon, rehaussés à la plume, dans le goût de *Meissonier*, représentant des soupières et un surtout de table ;

3 dessins à la plume rehaussés, de *Delafosse*, pot à eau et gobelet, petit et grand flambeau ;

5 dessins à la sanguine et à l'aquarelle, soupières, sucrier et pots à moutarde ;

11 dessins divers à la plume et à l'aquarelle du commencement du XVIII⁄ siècle, représentant des calices, ostensoirs, soleils et goupillons ;

2 dessins à l'encre de Chine époque Louis XIV, aiguière, torchères, heurtoir, etc.

Les dessins de l'école italienne sont à la plume et représentent divers objets du culte, citons pourtant une grande soupière très-ornée.

66. Recueil de dessins d'orfèvrerie, dessins de montres, tabatières, bonbonnières, chatelaines, cachets, etc. En un vol. in-4, mar. rouge, dos orné, fil., tr. dor.

Précieux recueil de 174 jolis dessins au crayon, à la plume et à l'aquarelle, exécutés par divers artistes français du XVIII⁄ siècle ; un certain nombre par *Eisen*, d'autres par *Berthault*, *Ranson*, etc.

Ce recueil ne contient que des dessins choisis, importants comme composition ou décoration.

Le volume est emboîté dans une reliure ancienne en maroquin.

67. Album de M. Le Roy, père, orfèvre et bijoutier à Paris au dix-huitième siècle. En un vol. in-4, veau marbré, fil., tr. rouge. (*Petit.*)

Précieux album comprenant 174 charmants dessins destinés à servir de modèles aux orfèvres et aux miniaturistes, pour décorer les montres, tabatières, boîtes, bonbonnières, etc. Ces dessins de toute nature, au crayon, à la plume, à l'aquarelle, sont de diverses mains, mais dans l'ensemble parmi les scènes d'intérieur, les scènes galantes et champêtres, il est impossible de ne pas reconnaître le faire d'*Eisen*, de *Gravelot*, de *Huet*, de *Desrais*, de *Blarenberghe* et autres maîtres du dernier siècle.

De *Blarenberghe* nous signalerons notamment une série de fêtes champêtres, de représentations théâtrales dans lesquelles l'artiste a sû placer des centaines de personnages dans des dessins d'une très-petite dimension.

M. Le Roy, fut le fondateur de la célèbre maison d'horlogerie qui existe encore aujourd'hui.

En tête du Recueil se trouve un 2⁄ titre ainsi libellé : *Album de M. Le Roy père, il y a plusieurs dessins et gravure de grands maîtres.* Le volume contient 2 portraits de *Th. Le Roy, fils* en 1817.

68. Recueil de Desseins d'Orfèvrerie, de Cartouches, Vases,

Pieds de Croix, Aubenistiers, Reliquaires, Brule-Parfums, Feux de Cheminées, Tables, Flambeaux, Aiguières, etc., par Ghezzi, P. de Cortone et autres Maistres. *S. l. n. d.*, in-4, mar. rouge, dos orné, double rangée de fil., tr. dor. (*Rel. anc.*)

> Recueil de 110 dessins originaux contenant plus de 300 sujets représentant différentes pièces de l'orfèvrerie civile et religieuse, ces dessins de divers maîtres italiens du XVIIᵉ siècle, sont exécutés à la plume, le trait rehaussé de sépia. Le plus grand nombre est l'œuvre du chevalier *Leon Ghezzi* artiste romain qui vécut de 1674 à 1755 ; certains dessins de vases, cartouches, candelabres, etc., exécutés par lui sont très-intéressants.
>
> Le titre que nous avons donné plus haut a été écrit au XVIIᵉ siècle dans un cartouche orné.

69. ORFÈVRERIE ITALIENNE du commencement du XVIIᵉ siècle. En un vol. in-fol. veau marbré, tr. rouge.

> Très-beau recueil de 32 dessins à la plume et à l'aquarelle donnant le modèle de 49 pièces d'orfèvrerie de table, réchauds, beurriers, cafetières, huiliers, salières, flambeaux de table, etc.

70. Disegni di Carlo Marchiomi Romano, architettore, e scultore. *Roma*, 1763, in-fol., veau marbré. (*Rel. anc.*)

> Très-beau recueil de cent dessins d'argenterie et d'orfèverie civile et religieuse très-finement exécutés à la plume et au lavis ; d'une grande variété de richesse d'ornementation.
>
> 42 feuilles sont consacrées à l'orfèvrerie religieuse, pieds de croix, flambeaux, reliquaires, bas-reliefs, etc., et 58 à l'orfèvrerie civile, terrines, plateaux, salières, soupières, cafetières. Les modèles étaient dessinés par *Marchiomi* pour le prince Ruspoli, le marquis Trionfi, le cavalier Mosca, l'abbé Colinelli, l'église de la Minerve, etc.

71. Dessins de joaillerie exécutés au XVIIIᵉ siècle par un artiste italien. En un vol. in-4, mar. brun, dos orné, fil., tr. dor. (*Petit*).

> Très-intéressant recueil de 226 dessins, à la plume, et au crayon sur 65 feuilles. Ces dessins dans le style Louis XVI paraissent inspirés des ouvrages de *Pouget*, de *Duflos* et de *Maria* ; ce sont des modèles de joaillerie en tous genres, rubans, aigrettes, pendeloques, agrafes, boucles, etc., etc.

72. DESSINS DE MODÈLES D'ORFÈVRERIE DE BIJOUTERIE, bordures de cadres, éventails, etc., dessinés à la plume et à l'aquarelle par J. E. Nilson. *S. d.* (1740 à 1754) in-4, vélin.

> Très-précieux recueil de 168 très-jolis dessins de *Nilson* ; la plupart à l'aquarelle et à l'encre de Chine, le trait à la plume ; modèles de tabatières, avec sujets gracieux, militaires et autres, couvercles de bonbonnières, boîtes de montres, chatelaines, éventails, etc., etc. Ces dessins sont aussi remarquables {et intéres-

sants pour la variété et la richesse de leur ornementation que pour la finesse de leur exécution.

Chaque feuille porte un ou plusieurs dessins, ce qui fait que ce recueil contient plus de 300 morceaux divers.

Le volume débute par le dessin original à la sanguine de l'encadrement d'un portrait ; il se termine par une série de 14 costumes au crayon noir.

J. Nilson peintre et graveur d'Augsbourg a composé et gravé une multitude de rocailles qui sont les chefs-d'œuvre du genre.

73. Orfèvrerie religieuse et civile. En un vol. in-8, mar. vert, dent., tr. dor. (*Rel. anc.*)

26 dessins au crayon noir, à la plume et à l'aquarelle exécutés à la fin du XVIIIᵉ siècle par *P. P. Schmetz* d'Augsbourg. Croix ornées de pierres précieuses, broches, bagues, etc.

Reliure aux armes.

PAMPANI (Boniface)

École italienne (XVIIᵉ siècle)

74. Album de dessins. *Vers* 1652, in-4 obl., vélin. (*Rel. anc.*)

Ce volume contient 96 dessins exécutés à la plume avec une grande habileté ; ils représentent pour la plupart des scènes maritimes ou des scènes populaires. On lit sur le premier dessin : *Bonifatio Pampani comencai questo libro il di 12 di Giuno del* 1652 *al Pisano.* Les dessins sont signés du monogramme de l'artiste formé des lettres B et P.

PERIGNON (Nicolas)

École française (1727-1782)

75. Collection de dessins originaux à l'aquarelle et de gravures à l'eau-forte de Nicolas Pérignon, peintre du Roi. 1776-1780, in-4, mar. vert, dos orné, dent., tabis, tr. dor. (*Relié p. Bradel, succᵣ de Derome.*)

Très-belle collection de 63 très-jolis dessins originaux à l'aquarelle de *N. Pérignon*, représentant des paysages et sites des environs de Paris, de la Normandie (environs de Dieppe, de St-Valery) de la Bretagne, de la Suisse, etc.

Le volume contient en outre 36 estampes de paysage gravées à l'eau-forte par *N. Pérignon*. Ces figures sont les seules qui aient été gravées par cet artiste, elles sont ici en premières épreuves.

Les dessins et gravures qui composent cette collection out été donnés par *Pérignon* lui-même à un de ses élèves en 1780. Le volume a depuis appartenu à M. Lomet, baron des Foucaux, qui a fait précéder le recueil d'une notice sur Pérignon et d'une table de ce qu'il renferme.

76. Vues de France et de Suisse. Dessins à l'aquarelle de

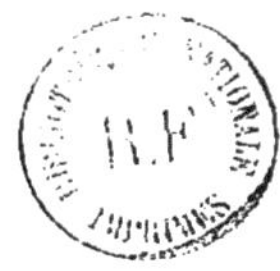

Nic. Pérignon, Louis Moreau, Myrbach, Nicole, etc. En un vol. in-4 oblong., mar. vert, dent., tr. dor. (*Petit.*)

Très-beau recueil comprenant 56 dessins à l'aquarelle très-habilement exécutés. On y trouve plusieurs vues de Suisse, de l'Italie, le Château de Coucy, une vue de Soissons, une vue de l'île Barbe à Lyon, Saint-Valery, etc.

Sur ces dessins 23 sont de *N. Pérignon* et ont été exécutés de 1770 à 1780, 3 de *Louis Moreau*, 16 de *Myrbach*, 1 de *Camligue*, 1 de *Dunker*, 1 de *Nicole*, 1 d'*Alberti* et 10 par divers artistes.

PEYROTTE (A.)

École française (XVIIIe siècle.)

77. ORNEMENS, ARABESQUES, FRANÇAIS, CHINOIS, anciens et modernes à l'usage de ceux qui s'en serviront, inventés, pilliés, extropiéz (sic) et redressez par Peyrotte, peintre et dessinateur par la grâce du Roy, dédiés a M. de la Rimaille(?). (*Paris*), 1760, 2 tomes in-fol., veau marbré, fil., tr. rouge.

Le titre ci-dessus est écrit au crayon dans un riche encadrement à la plume rehaussé à l'encre de Chine qui sert de frontispice à une première suite contenant 58 dessins de cartouches, trophées, panneaux, dessus de porte, etc., dessinés avec beaucoup d'agrément et de savoir faire par *P. J. Peyrotte*. Ces dessins sont à la plume et au crayon noir avec des rehauts de sépia et d'encre de Chine.

Le volume est complété par une seconde suite de 6 pièces, grands panneaux à la sépia, le trait à la plume précédés de ce tite écrit au crayon : *Suitte ou tome 2 de droleries et coyoneries dédiées au premier moutardier du pape par Peyrotte peintre en gras et en maigre.*

PORTRAITS

78. PORTRAITS DE PERSONNAGES FRANÇAIS ILLUSTRES, la plupart dessinés au crayon de couleur. En un vol. in-fol., veau marbré, fil., tr. rouge. (*Petit.*)

Un des recueils les plus précieux de la Collection. Il ne renferme pas moins de 150 portraits des XVIe, XVIIe et XVIIIe siècles, et surtout une importante série de portraits exécutés aux crayons de couleur au XVIe siècle et au commencement du XVIIe siècle, par des artistes français, émules et élèves des *Clouet*, des *Ant. Caron*, des *Duval*, des *Dumonstier*, des *Lagneau, etc.*

Les *crayons* de ce temps, contenus dans ce recueil, peuvent se diviser en 3 séries distinctes, et sont l'œuvre de 3 artistes différents :

1° Une série de 23 portraits in-folios exécutés au XVIe siècle, copies d'originaux de *Clouet, Caron*, etc. Parmi ces portraits on remarque ceux de Henri II, du Maréchal de Biron, du Cardinal de Lorraine, du Cardinal de Bourbon, de Montluc, de Vinet, l'historien de Bordeaux, des Princes de Condé, père et fils, du Chancelier L'Hopital, de Claude de Lorraine, femme de Henri III, etc.

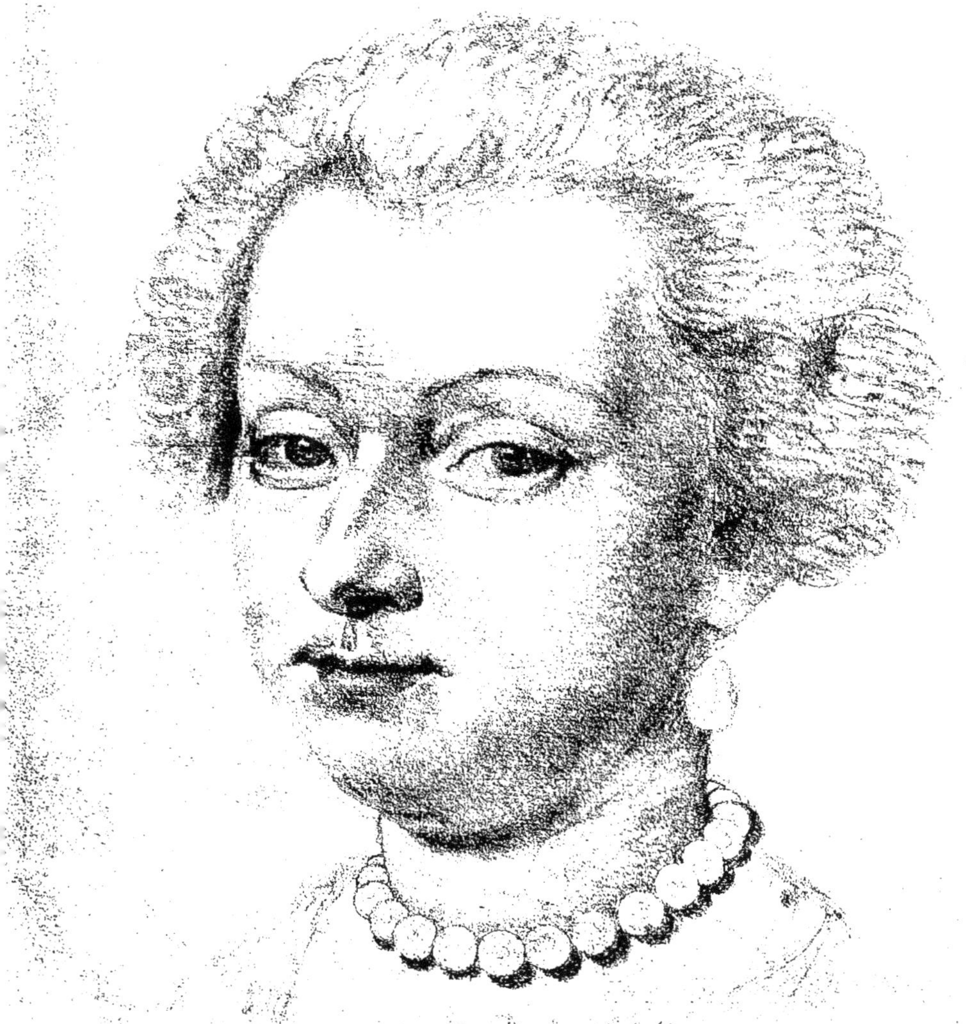

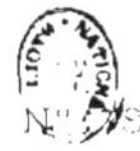

Jeanne de Schomberg, Dame de Plessis Liancourt duchesse de la
Roche Guyon

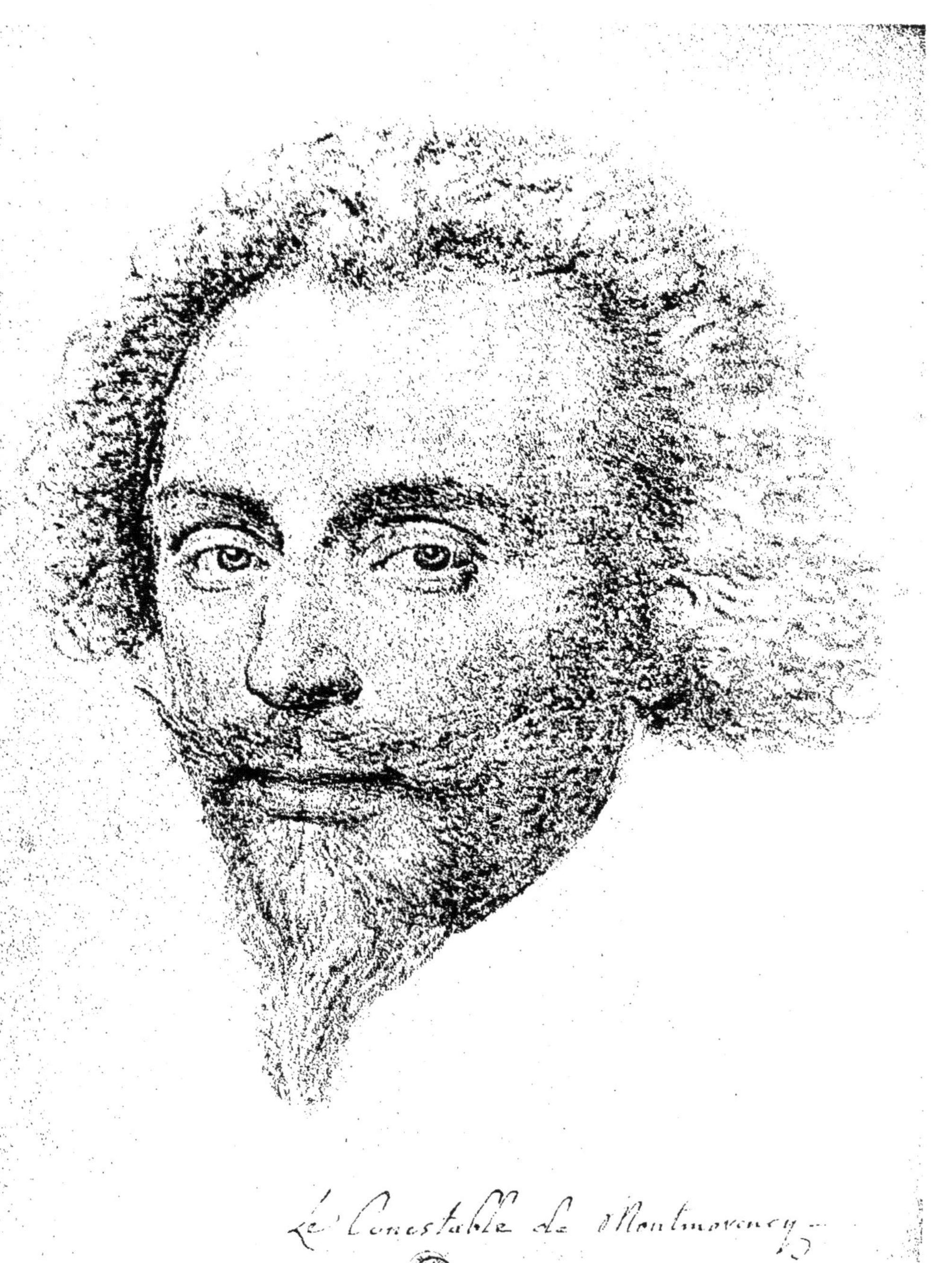

Le Connestable de Montmorency

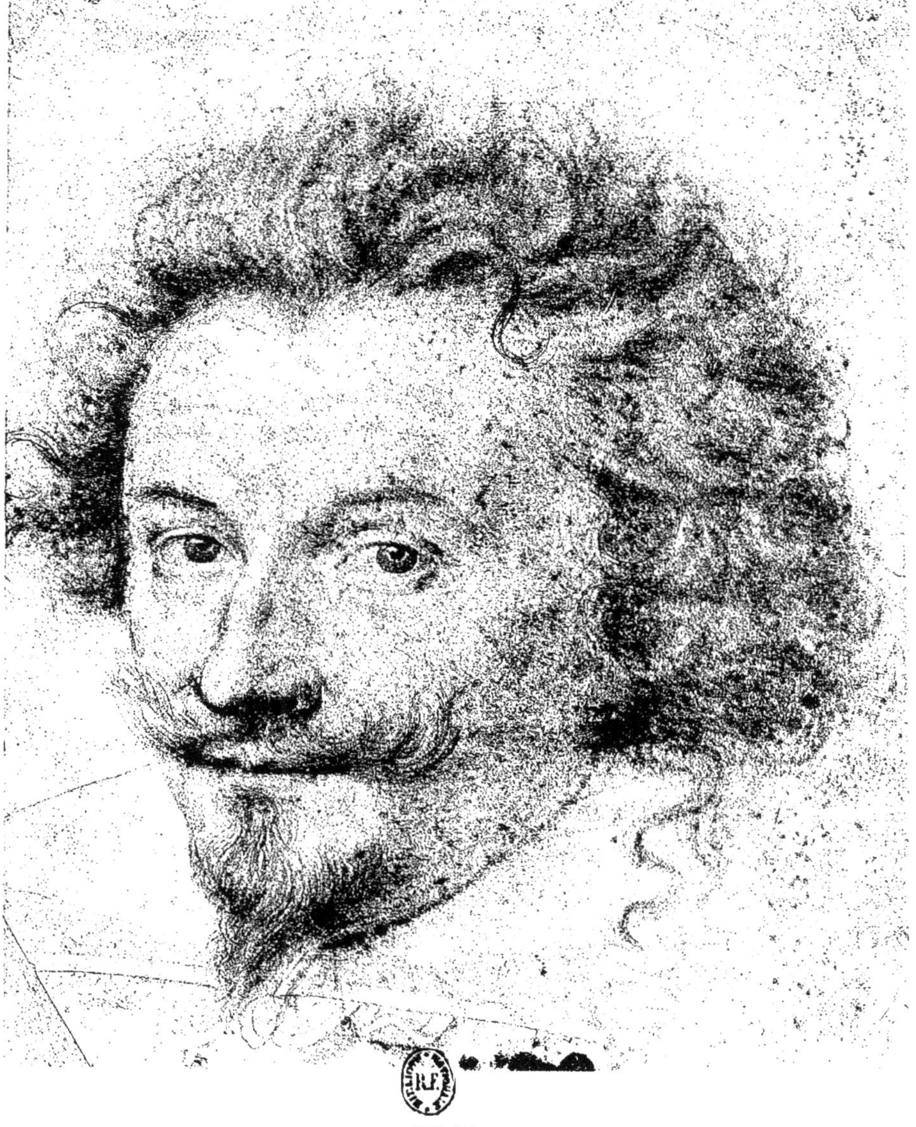

N° 78

2° Une série de 55 portraits de format in-folio, copies de *Du Monstier*, de *Lagneau*, etc.

Ces portraits portent, imprimé au frotton, le nom du personnage représenté et souvent des dates qui s'étendent de 1602 à 1642.

Parmi ces portraits citons : Fr. de Bourbon, duc de Montpensier ; Coligny fils du Maréchal de Chatillon ; Marquise de Sablé ; Marquis de La Vieuville ; Marquise de Mortemart ; Prince d'Espinoy ; Maréchal de St-Luc ; Maréchal de Montigny ; Duc de Retz ; Évêque d'Albi ; Isabelle, infante d'Espagne, 1632 ; Duc et duchesse de Longueville ; Comte de Lude ; F. de Béthune, marquis de Rosny ; Mme de Sully ; Mme de Puisieux ; Mme de St-Aignan ; Mme de Rohan, Henriette de France, reine d'Angleterre ; Gaston d'Orléans ; Ch. de Valois, duc d'Angoulême ; Duchesse d'Angoulême ; Duc de Beaufort ; Comte de Soissons ; Duc de Grammont ; Mme de Combalet, duchesse d'Aiguillon ; Lucie d'Angennes ; Connétable de Montmorency ; Mlle de Guiche ; Cardinal du Perron, etc., etc.

3° Une série de 30 portraits de format in-4, œuvres originales des plus remarquables d'un auteur anonyme, mais dont les crayons sont dignes de rivaliser avec les plus célèbres artistes de son temps : ils sont généralement au crayon noir, avec rehauts de carmin et exécutés largement à la façon de pastels. Sur ces 30 dessins, 17 ne portent pas les noms des personnages, les autres nous donnent les portraits du Maréchal de la Force, de Bassompierre, de la Duchesse de La Roche-Guyon, du duc de Chevreuse, du Connétable et de Mme de Montmorency, du Commandant du Jars, de la Comtesse d'Alix, du Pt de Harlay, de Lamoignon, de Claude Bullion, de Denis Talon, etc.

En dehors de ces 3 séries, le volume contient :

1° Portraits de *Jean-sans-Peur* et de *Charles le Téméraire*, 2 dessins aux crayons de couleur du XVIe siècle ;

2° Portrait de *Galilée*, superbe dessin du XVIe siècle aux crayons ;

3° *Le Charlatan*, dessin de *Lagneau* aux crayons. A été gravé par *de Boissieu* ;

4° *D'Hozier*, dessin à la sanguine de *Rigaud* ;

5° *L. de Beringhem*, écuyer du Roy, dessin à l'encre de Chine de Mignard ;

6° *La Princesse de Conti*, dessin à la plume daté de 1707.

7° Portraits de 5 comédiens italiens : *Pisini le Vieux, Claveilli, Bagnioli, Landeli, Guerardini,* superbes dessins du XVIIIe siècle aux crayons de couleur où on sent l'influence de La Tour ;

8° Portraits de Louis XVI, de Marie-Antoinette et de Mirabeau dessinés à la plume par *Bernard*, en 1781, 1782 et 1791 ;

9° Portrait de *Donadieu*, maître d'armes des ducs de Chartres et de Montpensier aux 3 crayons, par *Frédou*, daté de 1759 ;

10° 4 portraits en pied aux crayons de couleur par *Carmontelle* ; Mme d'Estrées et sa fille, Grandval, Mme Favart, etc.

11° Portrait de Danton, pastel d'un effet saisissant :

12° Portrait de Mazarini Mancini, avec riche encadrement ornementé dessiné par *De Wailly*, le portrait gravé ;

13° 20 portraits divers par *Chardin, Grégoire, Nattier, Leprince,* etc.

79. PORTRAITS DES PRINCIPAUX PERSONNAGES FRANÇAIS DU XVIe SIÈCLE dessinés aux crayons de couleur par un artiste contemporain. En un vol. pet. in-fol. basane. (*Rel. anc.*)

Très-intéressant recueil de 48 *crayons* exécutés à la fin du XVIe siècle, probablement d'après des dessins de *Clouet, Quesnel, Caron,* etc.

Parmi les portraits, citons ceux de la Comtesse d'Angoulême, Claude de

France, Henri d'Albret, Duchesse d'Alençon, Duchesse de Ferrare, Reine de Hongrie, M. de Guyse, duc de Clèves, Mme de Rohan, Diane de Poitiers, M. de Bourbon, M. de Lautrec, Mme de Bourbon, Mlle de Givry, Mme de Crussol, etc.

Ce volume a appartenu à la fin du XVIe siècle à HUART DE BEUVRET, trésorier de Rennes.

80. Vingt-deux portraits de personnages célèbres du commencement du XVIe siècle. En un vol. in-4, vélin.

Très-intéressants dessins à l'aquarelle, le trait à la plume, exécutés en Allemagne au XVIe siècle. Ces portraits en médaillon portent en exergue le nom du personnage : Frisius, Durer, C. Celtes, J. Stöffler, Ulrich de Hutten, Melanchton, C. Agrippa, Erasme, Pisanus, Guarini, Dante, Savonarole, Pic II, Isabelle Sessa, etc.

Ces dessins doivent avoir été utilisés comme modèles pour des médailles.

81. Recueil de portraits d'hommes et de femmes du XVIe siècle à nos jours. En un vol. in-4, veau, fil., tr. dor.

Cinquante-quatre portraits à la mine de plomb et à la sanguine.

Portraits de Amb.-Paré ? Ravaillac, Mellin de St-Gelais, Passerat, Descartes, Th. Corneille, Catherine de Russie, la Chevalière d'Eon, Joseph II, Cardinal de Polignac, Gilbert, Lafayette, Bonaparte, Baron Gros, Louis XVIII, le duc d'Enghien, Parny, Princesse de Salm, etc.

Parmi les auteurs des dessins, citons *Zuccaro*, *Moreau*, *Baudet*, *Duché de Vancy*, *Boiseau fils*, *Wille*, *Aubrie* (portrait de Mlle Marguerite Lecomte), *Dien* (portrait de Mme de Staël), *Mme du Cayla* (curieux portrait de la Duchesse d'Angoulême), etc.

82. RECUEIL DE PORTRAITS, ÉTUDES DE PERSONNAGES, scènes de mœurs exécutés par des artistes des écoles italienne, flamande, française, etc. En un vol. in-fol., veau marbré, fil., tr. rouge. (*Petit.*)

Précieux recueil de 182 dessins originaux des XVIe, XVIIe et XVIIIe siècles, représentant pour la plupart des portraits.

27 dessins sont exécutés par des artistes de l'école italienne, ils sont attribués au *Parmesan*, à *Carrache*, *Bandinelli*, *Palma le Vieux*, etc.

41 dessins ont pour auteurs des artistes flamands, *Nic. Berghem*, *Béga*, *A. Brauwer*, *Dusart*, *Lagneau*, *Safteleven*, etc.

2 dessins appartiennent à l'école espagnole, 5 à l'école allemande (dont un portrait de Charles-Quint attribué à *Holbein*) et 1 à l'école anglaise.

La série de dessins exécutés par des artistes de l'école française est de beaucoup la plus importante ; elle se compose de 108 dessins du XVIe au XIXe siècle parmi lesquels on remarque beaucoup de portraits, un certain nombre de ces portraits en pied ont été exécutés à la pierre d'Italie par *Rigaud*, *Largillière* et *Tocqué* ; la série de dessins de ces artistes est des plus intéressantes ; citons encore des dessins de *Mignard*, *Coypel*, *Parrocel*, *Hilaire*, *Carmontelle*, *Duvivier*, *Boilly*, *Cochin*, plusieurs dessins de *Gabriel* et *Aug. de St-Aubin*, etc., un joli dessin de Mme Vigée Le Brun, le portrait de Mlle Meyer, etc., etc.

83. PORTRAITS DES ROIS LOUIS XV ET LOUIS XVI, de la reine Marie-Antoinette et autres personnes de la Cour exécutés

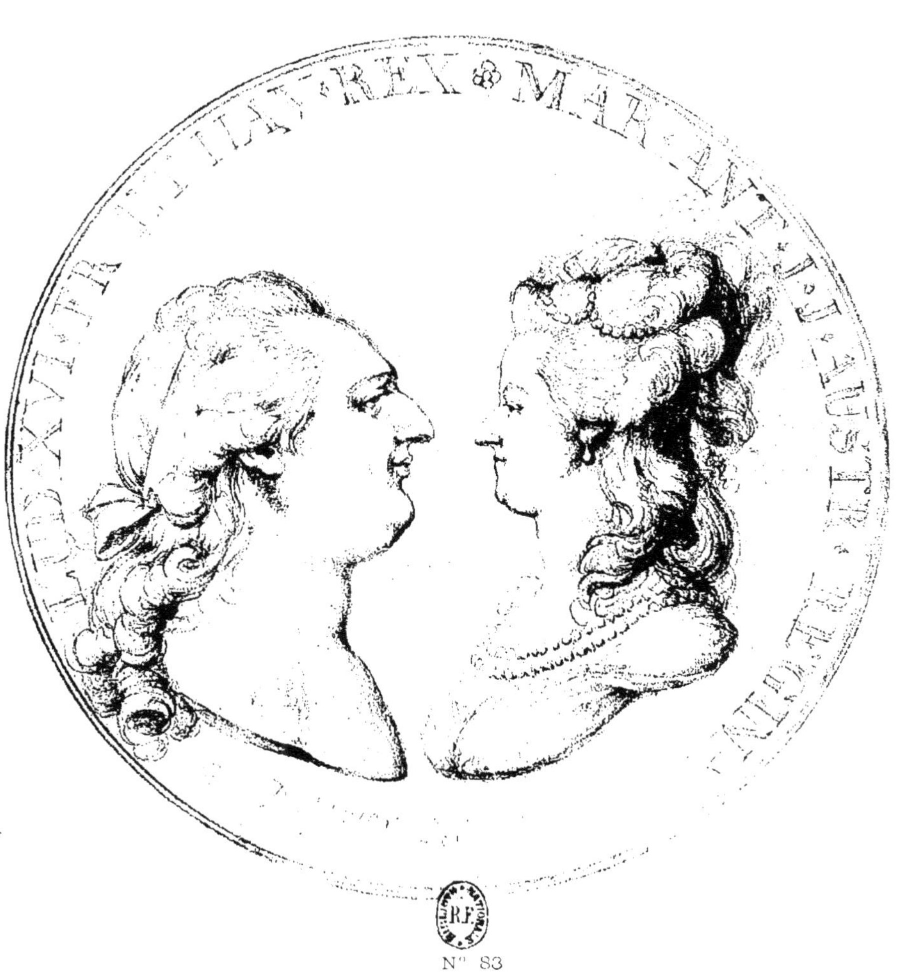
LUD · XVI · FR · ET · NAV · REX · MAR · ANT · I · AUST · FR · ET · NAV · REG
N° 83

en médailles ou jettons. *S. l. n. d.*, in-fol., veau marbré, fil., tr. rouge.

Précieux recueil de DESSINS ORIGINAUX de *Duvivier*, graveur en médailles. Ces dessins destinés à servir de modèles pour la gravure sont exécutés au crayon ou à la sanguine avec une perfection merveilleuse.

Le volume contient 32 dessins, savoir : Portraits de Louis XV, 10 dessins ; portraits de Louis XVI, 3 dessins ; portrait de Marie-Antoinette jeune, 1 ; portraits de Louis XVI et de Marie-Antoinette sur la même médaille, 1 ; portrait du Dauphin, 2 ; portrait du duc de Bourgogne, 1 ; portrait du Cte de Provence, 1 ; portraits de la C^sse de Provence, 2 ; portrait de la C^sse d'Artois, 1 ; portrait de Marie-Thérèse, 1 ; portrait de Henri IV, 1 ; du duc de Villars, 3 ; de Bonaparte, 1 ; de Lebrun, 1 ; de divers, 3.

84. Portraits et charges par F. André Vincent, 1772-1774, in-fol., demi-rel. dos et coins de mar. brun, tête dor., éb.

Très-amusant recueil de 57 dessins et croquis, à la plume, au crayon et à la sanguine, exécutés à Rome par *Vincent*. Portraits charges des amis de l'auteur et de différents artistes.

Vincent fut le maître de *Horace Vernet*.

85. Portraits dessinés au crayon par Duplessis-Bertaux. En un vol. in-4, cart.

18 dessins parmi lesquels nous citerons les portraits de Louis XIV, de Louis XVIII, de Chapelle, de Molière, Corneille, Rotrou, etc. Quelques dessins sont signés des initiales de l'artiste.

86. RECUEIL DE PORTRAITS DES PRINCIPAUX PERSONNAGES DE LA RÉVOLUTION FRANÇAISE. En un vol. in-4, mar. brun, dent., tr. dor. (*Petit.*)

Précieux recueil de 56 dessins originaux au crayon noir et à la sanguine par *Denon, Malbeste, Marlet, Fragonard fils*, etc.

Citons les portraits de Louis XVI, Louis XVII (dessiné d'après nature au Temple le 21 janvier 1793), Marie-Antoinette, Mme Élisabeth, M^r et Mme de Malesherbes-Sieyès, Mirabeau (2 portraits), Lafayette, M. et Mme Roland, Dumouriez, le duc d'Orléans, prince de Condé, Danton, Ch. Corday, Marat, Robespierre (3 portraits dont un grand, où le personnage est vu de face, extrêmement rare), Robespierre jeune, Fouquier-Tinville, Bonaparte par Fragonard fils, Kléber, Barra, etc.

En dehors de l'intérêt historique que présente ce recueil, certains dessins sont très-remarquables au point de vue artistique.

87. Portraits des personnages de la Révolution française, et scènes historiques de cette époque, par Léopold Flameng. En un vol. in-4, mar. brun jans., tr. dor. (*Petit.*)

31 dessins très-finement exécutés à la mine de plomb. Portraits de Louis XVI, Marie-Antoinette, Danton, Vergniaud, Pétion, C. Desmoulins, Hébert, Cécile Renault, l'abbé Grégoire, Hoche, les acteurs Potier et Brunet, etc., Marat devant le tribunal révolutionnaire et Marat entraînant le peuple de Paris.

88. Portraits d'artistes et d'écrivains célèbres des XVIIIe et XIXe siècles. In-fol. cart.

> 30 portraits au crayon noir et à la sépia de Pigault Le Brun, du Cousin Jacques, de Goethe, Laujon, Chateaubriand, C. Delavigne, Romieu, Carrel, Al. Dumas, Balzac, Ingres, etc. Quelques portraits peuvent être attribués à *Devéria*.

89. Portraits d'acteurs et d'actrices français, principalement du XIXe siècle. En un vol. in-fol. cart.

> Cent dix-sept portraits à la plume, à l'aquarelle et au crayon noir. Un certain nombre sont l'œuvre de *V. Bonhomme*.

RECUEILS DE DESSINS DE DIVERS ARTISTES

90. RECUEIL DE DESSINS DIVERS. En un vol. in-fol., demi-rel. dos et coins vélin.

> Recueil factice composé de 229 dessins appartenant à toutes les écoles et à tous les genres; les dessins dus à des artistes français du XVIIIe siècle en forment la plus grande partie; citons un dessin d'*Aldegraver* (la première guillotine); 6 dessins de *S. Le Clerc* (paysages); 2 dessins de *Brebiette* (frises); 6 dessins de *Giffart*, représentant les Vaisseaux ayant figuré sur l'Arno dans une fête à Florence en 1664; 14 dessins de *Desrais*, dont le *Couronnement de Voltaire*; l'*Audacieux*, la *Réponse*, etc.; 1 très-joli dessin de Fr. *Boucher* à l'aquarelle; Offrande à Vénus dans un temple avec colonnade; 2 aquarelles en forme d'écrans de *Germain de Saint-Aubin*; 1 grand dessin à la plume de *Gabriel de Saint-Aubin* représentant le *Café d'Alexandre à la foire St-Germain*; 8 dessins et croquis de *Aug. de Saint-Aubin* dont le portrait de sa femme; 3 dessins d'*Eisen* à l'aquarelle, dessus de tabatières et de nombreux dessins et croquis par *Watelet, D. Bertaux, Swebach, Parocel, Laffite, Hersent, Delaroche, Gillot, Breughel, Lautara, Veronèse*, etc., etc.
>
> Parmi les dessins anonymes citons : *La prédication* et un *Mariage au XVIIe siècle; Louise de France entrant aux Carmélites*; l'*Abbé surpris* accompagné de la gravure au bistre, etc.

91. Scènes de l'histoire de l'Ancien et du Nouveau Testament. Vie de la Vierge et des Saints, dessins exécutés par des artistes du XVIIe siècle. En un vol. in-fol., veau marbré, fil., tr. rouge. (*Petit.*)

> Recueil de 140 dessins originaux et croquis à la plume et à la sépia, exécutés par des artistes français et italiens.
>
> On lit au v^o de quelques-uns d'entre eux le nom de *Vauflard*. Plusieurs ont été gravés.

92. Recueil de dessins de paysages, vues de monuments, sujets d'équitation et de chasse, croquis d'animaux, scènes

maritimes, etc. En un vol. in-fol. veau brun, dos orné, tr.
rouge. (*Rel. anc.*)

Recueil factice composé de 335 dessins sur 225 feuilles exécutés au crayon, à
la plume et à l'aquarelle, par différents artistes des XVII, XVIII et XIX° siècles.
Parmi les noms des auteurs des dessins nous relevons ceux de *Callot, J. Both,
H. Bol, S. Rosa, Flamen, Perelle, Silvestre, Ch. N. Cochin, Boissieu, Breughel,
Poussin, Boissière, Lantara, Teniers, Hollar, Courtois dit le Bourguignon,
Boucher père et fils, Wouvermans, Hilaire, Géricault, D. Bertaux, Swebach,
Chiarini, Panini, Ciceri, Bonnington*, etc., etc Les sujets représentés peuvent
se distribuer ainsi : paysages 115, vues de villes et de monuments 87, scènes
maritimes et dessins de navires 50, scènes de chasse et d'équitation 13,
animaux 53, sujets divers, scènes de mœurs, etc. 20. Le dos de la reliure de cet
important recueil porte les armes royales.

93. Album amicorum exécuté en Allemagne vers le commencement du XVI° siècle. In-4 oblong, fil., milieux, tr. dor.
(*Rel. anc.*)

Cet album est surtout remarquable par une série de 42 dessins à la gouache
et à l'aquarelle, très-curieux pour les costumes et l'histoire des mœurs.
Le volume contient en outre 51 dessins d'armoiries peintes à la gouache, de
1598 à 1600, 21 lettres ornées dessinées à la plume et 24 dessins allégoriques
exécutés à la plume par un récent possesseur du manuscrit, BARBA DE STOPPELAER
dont le nom, accompagné de la devise *Espoir en Dieu* et de la date 1625, est doré
sur les plats.

94. Recueil de dessins divers. Pet. in-fol. veau marbré, tr.
rouge.

Dessins du XVII° siècle exécutés par des artistes hollandais, français et
italiens. Sujets religieux, sujets mythologiques, scènes de mœurs, paysages,
etc. Ensemble 62 dessins ou croquis à la plume et à la sépia. En tête dessin de
Rembrandt, portrait de femme âgée.

95. CROQUIS ET ÉTUDES DE WATTEAU, OLIVIER, GILLOT, Boucher,
Wille, etc. En un vol. in-fol., veau marbré, fil., tr. rouge.

Très-beau recueil contenant 55 dessins, la plupart aux crayons de couleur,
représentant des femmes assises, debout, couchées, des études de têtes, de bras,
de mains, par *Olivier, Lancret* et *Watteau.*
On y voit aussi quelques dessins à la plume de *Desrais*, un joli dessin à la
sanguine de *Le Prince*, femme russe et ses enfants, un dessin de *Wille : Les
Nouvellistes du Quay des Augustins*, etc.

96. Croquis et études par Lancret, Pater, Trinquesse, Huet,
etc. En un vol. in-4, veau marbré, fil., tr. rouge.

Très-beau recueil comprenant 56 dessins, la plupart aux trois crayons, exécutés sur papier bleuté, femmes debout, femmes assises, hommes jouant de la
flute, personnages de la Comédie italienne, études de têtes, de mains, etc. Les
derniers dessinés par *Huet* représentent divers animaux.

97. RECUEIL DE DESSINS DE GRAVELOT, COCHIN, MARILLIER,

Desrais, etc. En un vol. in-4 obl., veau, tr. marbrée. (*Rel. anc.*)

Quatre-vingts dessins exécutés au XVIII° siècle, parmi lesquels nous citerons :

De *Gravelot*, 22 dessins originaux, dont 10 à la plume, rehaussés pour *Songs in the Opera Flora*, exécutés à Londres en 1737 ; 4 dessins au crayon noir pour l'*Almanach de la loterie militaire* ; le portrait de Louis XV dans un médaillon soutenu par des génies ; l'encadrement du portrait de Corneille ; 2 écussons aux armes de Louis XV et de Marie Leczinska ; 4 dessins à la plume et à la sépia; *le mariage de Louis XV*, joli dessin à la plume.

De *Cochin*, 9 dessins, dont le portrait de Louis XV au crayon, l'encadrement du portrait de Monet publié dans l'*Anthologie*, un en-tête pour Oraison funèbre.

De *Marillier*, 2 dessins, dont l'encadrement du portrait de Fontenelle.

De *Desrais*, 8 dessins à la plume, dont le portrait de La Fontaine.

De *Miger*, un joli portrait de femme.

De *Thierry*, un billet d'envoi, très-joli dessin à l'aquarelle.

De *Sarrazin*, deux paysages.

De *Bornet*, le frontispice des *Saisons* de *Duplessis-Bertaux*, le portrait de Préville et des dessins d'*Eisen*, *Le Prince*, *Monnet*, *Nicolle*, *Lemoine*, etc. Parmi les dessins anonymes, mentionnons une jolie aquarelle représentant un sacrifice à Priape.

98. RECUEIL DE DESSINS DE COCHIN, Eisen, Moreau, Wille, etc. En un vol. in-4, veau, fil., tr. dor. (*Rel. anc.*)

Superbe album ne comprenant pas moins de 98 dessins.

Il débute par une précieuse série de 8 dessins de *Cochin* exécutés à la sanguine, destinés à servir de modèles pour des peintures décoratives. Ces peintures devaient être placées dans une *petite maison* que l'artiste possédait à Gentilly, où il était voisin du sculpteur Coustou. Ces charmants dessins, du meilleur faire de l'artiste, représentent les *Saisons*; ce sont des groupes dans les foins, dans les blés ou auprès du foyer l'hiver.

Une belle lettre explicative de 4 pp., signée de *Cochin*, donne, à l'artiste de ses amis, chargé d'exécuter les peintures, toutes les explications nécessaires sur le sens des scènes représentées. (Voy. baron Roger Portalis, *Dessinateurs d'illustrations*, p. 120).

De *Cochin*, ce volume contient encore :

1° Le portrait de l'artiste par lui-même, très-beau dessin aux crayons de couleur ;

2° Un portrait d'homme, beau dessin à la sanguine ;

3° Le frontispice d'un ouvrage sur les Beaux-Arts dessin au crayon sur vélin.

De *Moreau*, le volume contient un charmant dessin à la sépia, c'est un en-tête pour les *A-propos de société* (une réunion dans un salon).

Citons encore le *Portrait de la Saint-Huberti*, aquarelle par *Lemoine* ; Fête champêtre, aquarelle par *Duplessis*; *Scènes de Don Quichotte*, 4 aquarelles par *Martinet* ; 2 paysages, dessins au crayon par *Desfriches* et la C^{sse} de *Genlis*, et des dessins d'*Eisen*, *Hilaire*, *Wille*, *Pillement*, *Le Clerc*, *Bericourt*, *Chaillou*, etc.

La reliure porte sur les plats les armes de MESDAMES de France, filles de Louis XV.

99. RECUEIL DE LETTRES ORNÉES et de chiffres formés de lettres

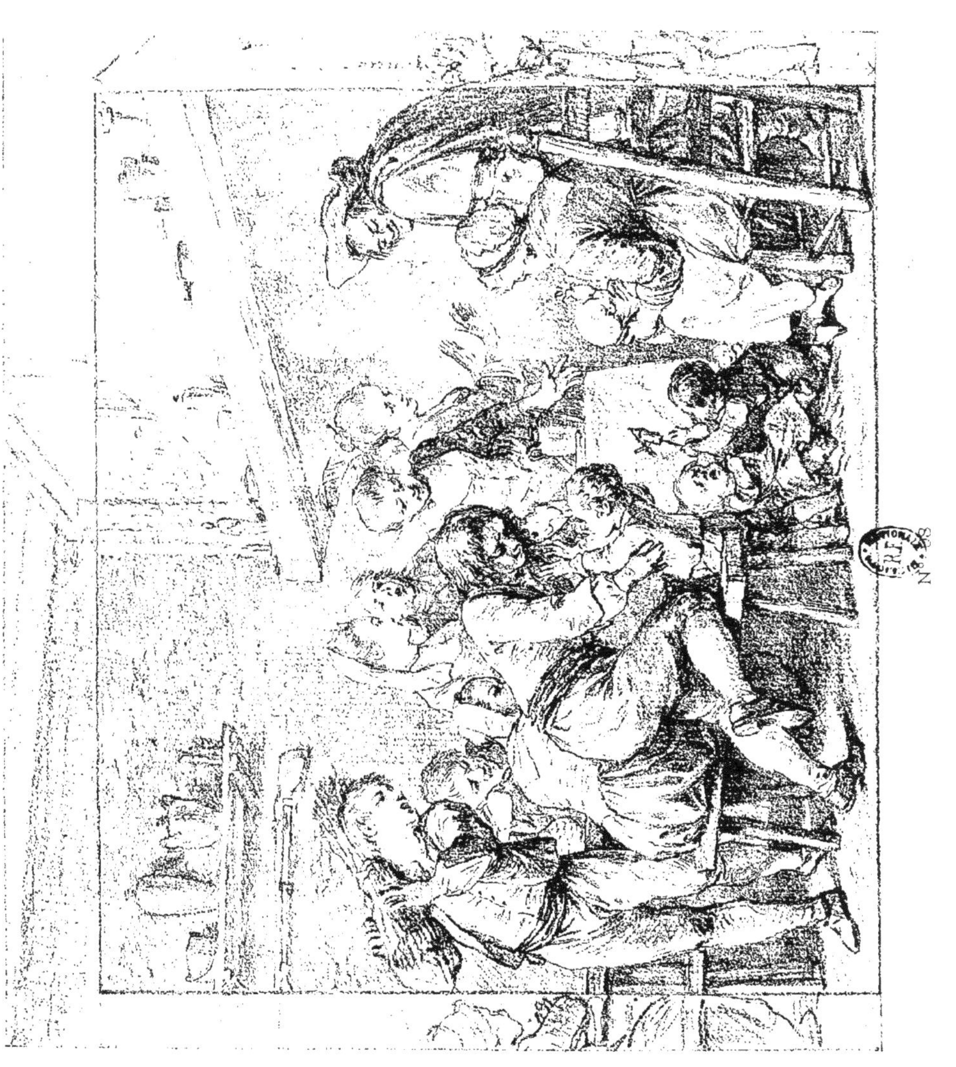

entrelacés, exécutés à la fin du XVIIIe siècle. En un vol. in-4, mar. rouge, dent., tr. dor. (*Rel. anc.*)

Ce volume contient : 1° *Alphabet de deux lettres pareilles et de deux lettres différentes, composé de* 280 *chiffres*, au trait à la plume sur 13 ff.

2° Une suite de 16 ff. de vélin portant, outre 212 chiffres fleuronnés et entrelacés, 22 modèles de dessus de montres et tabatières et 12 cartouches ; le tout dessiné au crayon noir avec une si grande finesse que cette série de dessins peut être attribuée à *Eisen* avec la plus grande vraisemblance.

3° 59 dessins de chiffres à deux ou à plusieurs lettres entrelacées.

4° 98 chiffres entrelacés, nielles de chiffres exécutées sur des boîtes de montres.

Très-joli recueil.

100. Croquis et études faits en Italie par Joseph Vernet, Hubert-Robert. etc. En un vol. pet. in-fol. cart.

40 dessins ou croquis à la plume, rehaussés ou à la sanguine, quelques-uns à l'aquarelle. Ces dessins représentent surtout des scènes populaires et quelques types italiens, hommes et femmes, copies d'après *Salvator Rosa*, etc. Le premier dessin représente J. Vernet, Marguerite Le Comte et Watelet.

101. Dessins et croquis de Gavarni, Charlet, Mérimée, Clerget, Viollet le Duc, Monnier, Andrieux, Dauzats, Harding, etc. In-fol. cart.

Soixante-douze dessins à la plume, à l'aquarelle et au crayon noir, paysages, portraits, scènes populaires.

Parmi les dessins de *Charlet* signalons-en un à la plume représentant un soldat de l'Empire.

ROBERT (Hubert)

École française (1733-1808)

102. Album de croquis. In-fol. demi-rel. dos et coins vélin.

Ruines, monuments antiques, jardins, etc., ensemble 65 dessins à la sanguine, au crayon noir, à la sépia exécutés en Italie par *Hubert Robert* vers 1780.

Ce sont les premières pensées de beaucoup des meilleurs tableaux de ce spirituel artiste.

SERRURERIE

103. Marteaux de portes. *S. l. n. d.*, in-4, mar. rouge, bandes d'entrelacs, milieux. (*Rel. anc.*)

16 dessins du XVIIe siècle par un artiste de l'école italienne, représentant des marteaux de porte et heurtoirs richement ornés avec personnages. Ces dessins sont exécutés à l'encre de Chine, le trait à la plume avec des rehauts de blanc ; ils ont été fixés dans une reliure italienne du XVIIe siècle.

SILVESTRE (Israël)

École française (1621-1691)

104. Recueil de dessins. En un vol. in-4 oblong, mar. rouge, fil à froid, tr. dor. (*Petit.*)

Album de 29 dessins à la plume très-spirituellement exécutés par *Is. Silvestre*; vues de villes, de monuments et forteresses au bord de la mer.

TAPISSERIE, BRODERIE

105. HISTOIRE DE JOSEPH. In-fol. obl. cart.

Suite de 10 dessins originaux exécutés au XVIe siècle, par un artiste de l'école de *Jehan Cousin*, destinés à servir de modèle à des tapissiers ou à des peintres émailleurs.

Voici le détail des sujets : *Joseph emmené par ses frères — Joseph descendu dans la citerne — Joseph vendu par ses frères — La mort de Joseph annoncée à son père — Joseph vendu à Putiphar — Joseph et Mme Putiphar — Joseph en prison — Joseph explique le songe de Pharaon — Le triomphe de Joseph — Joseph revoit ses frères.*

106. LES DOUZE MOIS. Suite de douze grandes compositions, modèles de tapisseries, exécutées au seizième siècle. En un vol. in-fol. demi-rel. dos et coins mar. rouge.

Très-beaux dessins à la plume, rehaussés de sépia et d'encre de Chine ; ils sont surtout remarquables par la variété et la richesse de l'ornementation.

On lit au vo de chaque dessin d'une écriture du XVIIe siècle : *Cecy est du temps de François premier et des peintres de Fontainebleau. Berain* s'est grandement inspiré des modèles de ce genre pour la composition de ses *Bérinades.*

La suite des tapisseries des *Mois* exécutée au XVIe siècle est aujourd'hui perdue, on n'en connaît que quelques fragments, copies du XVIIe siècle.

En tête un grand dessin à la plume représentant un cartouche rectangulaire compris dans de riches ornements formés de femmes, d'amours et de fruits, dans le style de *René Boyvin.*

107. DESSINS DE TAPISSERIES et toiles peintes. En un vol. in-fol. veau marbré, fil., tr. rouge.

Recueil de 62 dessins au trait à la sanguine exécutés en France vers 1725 pour servir de modèles aux brodeurs.

21 dessins sont consacrés à des scènes religieuses, les autres représentent des scènes de chasse, des fêtes, des jeux, scènes de mœurs, scènes champêtres, etc.

Le premier dessin porte deux armoiries.

108. Dessins de passementerie, tels que entrelacs, nœuds, aiguillettes, torsades, tresses, galons, rinceaux et autres

ornements à la mode. Par J. M. C. Perrotin, dessinateur en broderie de Mme la Duchesse du Maine. *Vers* 1720, in-4, demi-rel. dos et coins veau.

Ce volume en 77 ff. comprend, outre le titre orné, 151 dessins de galons, broderies, exécutés à la plume et coloriés.

Le titre et plusieurs dessins sont modernes; ils ont été refaits sur les originaux gâtés par des enfants.

De la collection LEBER.

THIBAULT (Jean-Thomas)

École française (1757-1826.)

109. Croquis et dessins de J. T. Thibault, architecte, membre de l'Institut et professeur à l'École des Beaux-Arts. En un vol. pet. in-fol., vélin vert.

Vues de Rome, de Naples, de Civita-Vecchia, 291 dessins au crayon noir, à la plume et à l'aquarelle.

VALENCIENNES (Pierre-Henri)

École francaise (1750-1819.)

110. Album d'études, croquis et paysages représentant des vues de Rome et des environs. En un vol. in-fol. allongé, format d'agenda, cuir de Russie, fil. (*Koehler.*)

100 dessins à la plume et au bistre et au crayon noir, représentant des monuments et des vues d'ensemble de la ville de Rome et des environs.

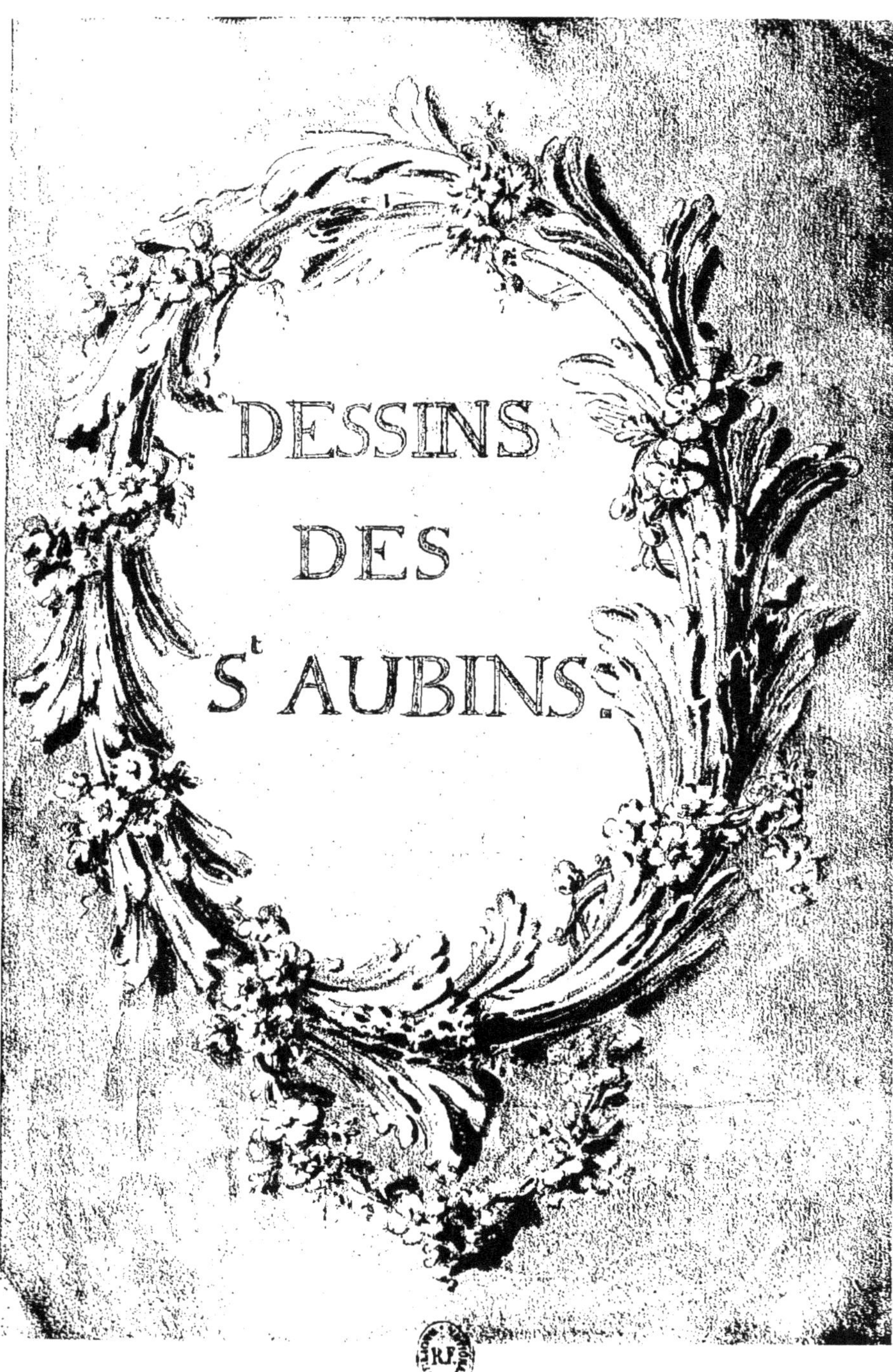

DESSINS
DES
St AUBINS.

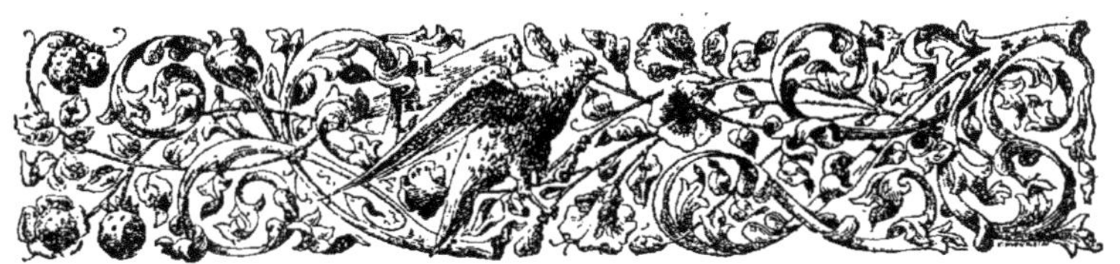

DESSINS

DES

SAINT-AUBIN

111. LE LIVRE DES SAINT-AUBIN. Album contenant des dessins de toute la famille. In-fol., veau. (*Rel. anc.*)

Les Saint-Aubin appartiennent à ces familles d'artistes, nombreuses en France, dont les membres pendant plusieurs générations s'illustrèrent soit comme peintres, soit comme sculpteurs, soit comme graveurs, soit comme desssinateurs, etc. Dans la famille Saint-Aubin, ce furent trois frères, Germain, Gabriel et Augustin, qui assurèrent son renom auprès de la postérité.

Ils étaient fils de Gabriel-Germain de Saint-Aubin, brodeur du Roi. Le premier, *Germain*, né en 1721, dessinateur du roi pour la broderie, fut dessinateur habile sur étoffes, compositeur ingénieux et graveur à ses heures. Très-spirituel et très-satirique, il a enrichi son œuvre et celle de ses frères d'une foule de remarques piquantes et pleines d'à-propos.

Gabriel, né en 1724, fut un dessinateur infatigable. Ses dessins sont trop célèbres aujourd'hui pour que nous ayons à en faire l'éloge. M. de Goncourt (*Art du XVIIIᵉ siècle*) les a si bien fait connaître que nous réimprimons (p. 43) les quelques lignes qu'il leur consacre.

Augustin, né en 1736, fut l'élève de ses deux aînés, il est surtout connu comme graveur; c'est l'un des plus célèbres du dernier siècle, ce fut aussi un dessinateur de portraits de premier ordre.

Le *Livre des Saint-Aubin*, qui paraît avoir été formé par Germain de Saint-Aubin, est un livre de famille, un album ou chacun à son heure fournissait un dessin. A côté de 57 dessins de *Germain*, 84 d'*Augustin* et 94 de *Gabriel*, on en voit une quarantaine par Gabriel-Germain de Saint-Aubin, leur père, Louis de

Saint-Aubin, Catherine de Saint-Aubin, Agathe de Saint-Aubin, leurs frère et
sœurs des artistes, par Marthe de Saint-Aubin, femme Aublanc, leur tante,
par Marie-Anne Le Clerc (femme de Louis de Saint-Aubin), par Louise-Nicole
Godeau (femme d'Augustin), par Marie-Françoise de Saint-Aubin, femme Donnebecq (fille de Germain).

Ce recueil qui provient des descendants de la famille Saint-Aubin, est connu
dans l'histoire artistique sous le nom de *Livre des Saint-Aubin.* Il est à craindre
que ce monument unique de l'art du XVIII⁰ siècle soit un jour divisé; pour en
conserver le souvenir, nous en donnons une notice aussi complète que possible.
M. Edmond de Goncourt nous ayant gracieusement autorisé à extraire de son
Étude sur les *Saint-Aubin* les descriptions si brillantes et si imagées des dessins
qu'il a cités, nous sommes assuré de l'intérêt de ce travail.

1⁰ DESSINS DE CHARLES GERMAIN DE SAINT-AUBIN l'aîné (1721-1786).

1. Un grand frontispice, encadrement de palmes et de fleurs, à l'encre de Chine
   sur fond jaune. Dans l'espace réservé on lit : *Dessins des St-Aubins.* Ce
   dessin est reproduit en tête de la seconde partie de ce catalogue.

2-8. 7 dessins de la suite des *Papillonneries humaines,* à la sépia, le trait à la
   plume, sur 6 feuilles :
   I.   *Le Bain* (gravé dans la suite en largeur, décrite par de Goncourt, n° 2).
   II.   *La Brouette* (id.   id.   n° 5).
   III. *Le Blessé* (id.   id.   n° 6).
         (Dans ce dessin exécuté au v⁰ du précédent, le sujet porte pour légende :
         Le Malade).
   IV.   *Le Papillon jaloux* (gravé dans la suite en hauteur, n° V). Dans le
         cartouche du bas on lit : *Les Papillons comédiens* et la papillonne est
         inclinée et non agenouillée. Au bas à la plume : *Première pensée de
         papillonneries humaines par de Saint-Aubin,* 1748. *Gravé en* 1748.
   V.   *La Bascule.* Deux papillons se balancent, sur le point d'appui un
         troisième papillon tient un cerf-volant. Dessin en largeur non gravé.
   VI.   *La Promenade.* Une papillonne est portée sur un dais par deux
         papillons, à terre un papillon prosterné. Dessin en largeur non gravé.
   VII. *La Danse.* Sur un terre-plein formé d'arabesques en rocaille, sous un
         berceau au sommet duquel est un rat, une papillonne danse au son de
         la flûte et du tambourin. Dessin en hauteur non gravé.

9-12. 4 dessins de Chiffres entrelacés, à la plume avec rehauts de sépia et
   d'encre de Chine.
   I.   Chiffre H. R. a été gravé par *Marillier.* Recueil de chiffres, N° 5.
   II.   Chiffre A. S.   id.   id.   id.   8.
   III. Chiffre L. L.   id.   id.   id.   12.
   IV.   Chiffre N. C., n'a pas été gravé. Ce dessin est daté 1775, les trois autres
         étant datés 1766.

13. *Lustre exécuté pour le Roy de Prusse sur les desseins de St-Aubin l'aîné*
    1760, grand dessin à l'aquarelle.

14. Grand lit de parade avec rideaux : *Exécuté pour Madame la duchesse de
    Ruffec,* grand dessin à l'aquerelle : *de Saint Aubin invenit.*

15. *Grand dossier d'un lit pour Mᵐᵉ de Brancas,* 1759, aquarelle. Fantaisie
    dans le goût des Papillonnéries. Au-dessous une explication manuscrite
    en 14 lignes signée : *De Saint Aubin.*

16. *Caparaçon brodé pour le roy de Portugal,* 1756, plume et sépia : *A été
    gravé* (par Aug. de Saint-Aubin) *dans mon mémoire sur la broderie pour
    l'Académie des Sciences* (imprimé en 1770).

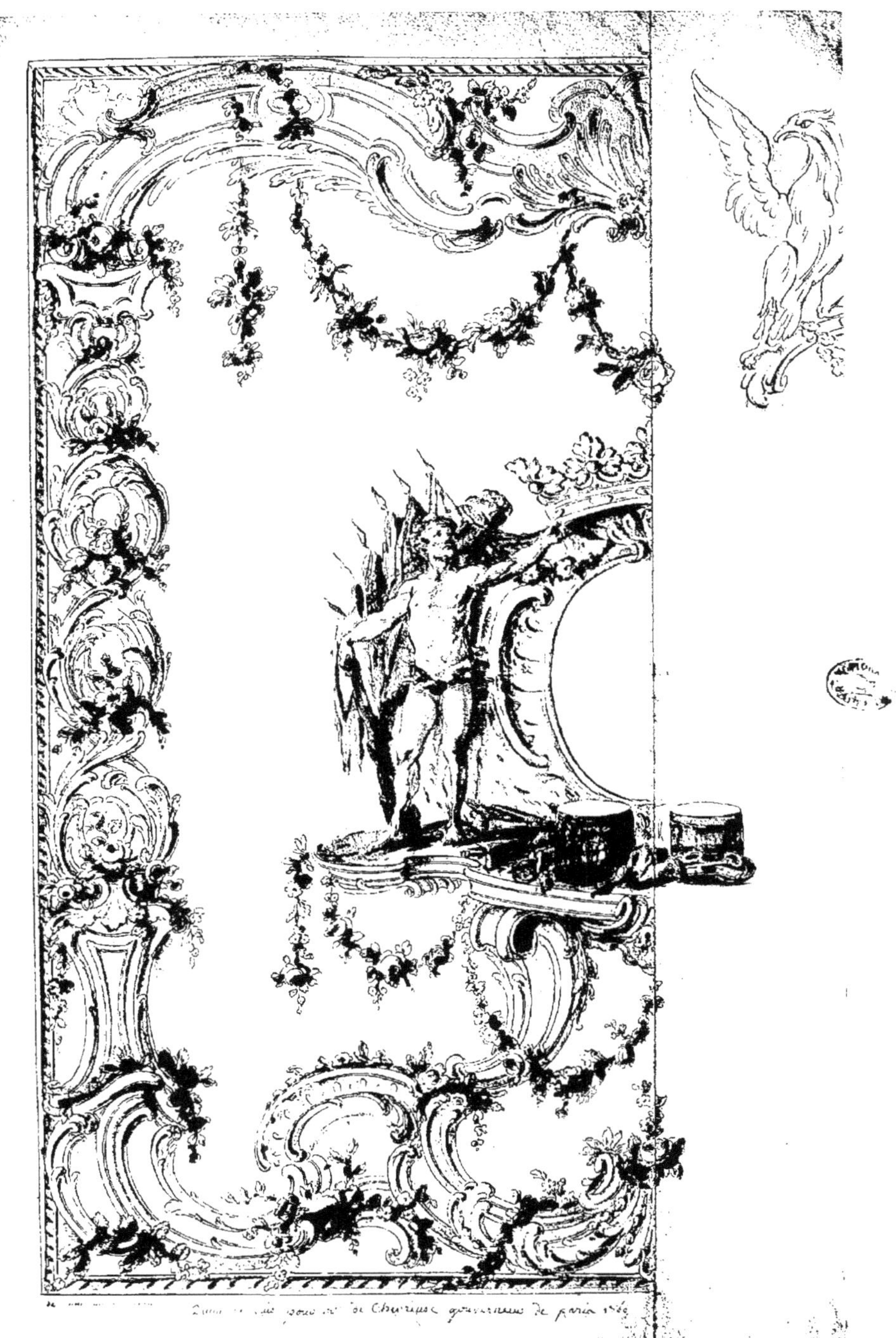

N° 111

17. Décoration d'un boudoir avec panneaux ornés et grand divan. Aquarelle signée : *G. de Saint-Aubin.*

18. Rats dévorant un volume placé sous un dais soutenu par des papillons. Plume et sépia. Composition dans le goût des *Papillonneries.*

19. *Queue de dais pour M. de Chevreuse, gouverneur de Paris,* 1750. Grande et belle aquarelle; le support central est l'œuvre de *Gabriel* et est signé au crayon : *Gl de St-Aubin.* Nous en donnons la reproduction.

20. Ecran avec Terme, entourages de feuillages, charmilles, etc. Aquarelle gouachée.

21. Dessin de broderie, deux amours, l'un en guerrier tient un écheveau qu'un autre amour féminin défile. Dessin violet sur fond jaune, avec large encadrement formé de rocailles, de feuillages, etc.

22. Modèle de canapé, aquarelle.

23. *Feu d'artifice chinois composé par de Saint-Aubin pour le Théâtre Italien,* 1749, grande aquarelle.

24. Porte-bouquet formé de papillons, aquarelle.

25. Frontispice formé d'un rideau suspendu à un lambrequin orné, plume et sépia. Sur le rideau on lit : *Recueil de vignettes d'amis.* Signé *de St-Aubin l'aîné.* Au v° un dessin au crayon de Mme *Donnebecq,* fille de l'artiste.

26. Autres statuettes en porcelaine de Chine, modèles exécutés pour M. de Tavannes en 1770, dessin au crayon noir.

27. *Pavillon de Mme la duchesse du Maine à l'Arsenal,* dessin à la plume signé et daté du 12 octobre 1740 (l'artiste était âgé de 19 ans).

28. Paysage, dessin à la plume signé *G. S.,* daté 1741.

29. *Le Moulin joli,* paysage, plume et sépia.

30. Portrait de jeune femme lisant dans un jardin, dessin au crayon signé *C. G. D. S. A. del.*

31. Deux enfants s'amusant avec un bouc, dessin au crayon noir.

32. *Char du prévôt Bernage* (tiré par une tortue et une écrevisse, guidé par la folie), dessin à la plume lavé d'encre de Chine, signé *de Saint Aubin.*

33. *Ou l'un se ruine, l'autre s'enrichit,* satyre contre les marchands de vins, dessin à la sépia.

34. Ex-libris de Pierre de St-Aubin, dessin à la sépia.

35-53. 19 dessins de fleurons ou culs-de-lampe à la sépia et à l'encre de Chine, attributs de la royauté, du jardinage, de la guerre, de la marine, etc.

54. Statue de Pierre-le-Grand, dessin au crayon noir.

55-57. Un bouquet, aquarelle; dessin de meuble, sépia ; porte de Vilvorde, 1770, plume et sépia.

2° DESSINS DE GABRIEL DE SAINT-AUBIN. (1724-1780).

1. Hôtel près d'un parc, une voiture d'arrosage passe sur le boulevard, des ouvriers disposent un if pour illuminations. Crayon noir (H. 12 c. L. 17 c.). Signé *G. D. S. A.* 1773.

2. Portrait de Mlle Clairon. « Sur une feuille de papier, tout en haut, à une
« extrémité, une tête de femme de trois quarts tournée à gauche, avec le
« regard dirigé à droite. A l'autre extrémité, la même tête de femme encore
« plus de trois quarts, mais avec le regard dirigé à gauche. La femme repré-
« sentée a un collier de perles, qui lui fait deux fois le tour du cou, et son
« visage est bien la figure représentée par Pougin de Saint-Aubin dans son

« portrait d'Hippolyte de Latude Clairon. Enfin, au bas de la feuille de
« papier, la Clairon, des perles dans les cheveux, les épaules décolletées, les
« bras dans des manches bouffantes, touche de la harpe de côté avec la figure
« de face. Ce portrait est en buste, mais il est répété en pied encore d'un
« autre côté du papier, dans un croqueton grand comme un domino. Au
« milieu de ces portraits qu'il sépare, se dresse un piédestal d'une rocaille
« superbe supportant dans une cage de verre en forme d'obélisque un
« appareil astronomique au bas duquel est écrit: *On en veut* 30.000 *livres en*
« 1773.
  « Sur la feuille de papier blanc (H. 23 c., L. 17 c.), le premier portrait
« de la Clairon est légèrement pastellé; le second, exécuté à la pierre
« d'Italie avec quelques touches de carmin dans les cheveux, montre toute
« l'habileté et la puissance du maître dans un portrait du format d'une
« miniature, et le troisième est entièrement fait à la pierre noire avec un joli
« crayonnage roulant. A côté du second portrait, Gabriel a tracé avec le
« crayon qui l'a dessiné : *Clairon* 1773. Et dans un coin de la feuille,
« Augustin de Saint-Aubin, de sa jolie écriture si reconnaissable, a écrit :
« *Trois portraits de Clairon par Gabriel de S. Aubin* 1773. De. Goncourt. »
  Nous donnons la reproduction de ce dessin.

3. La Vierge et l'Enfant Jésus. La Vierge en buste tient sur ses bras l'enfant
   Jésus qui appuie la main gauche sur le globe terrestre, la main droite est
   levée vers le Ciel. Dessin au crayon noir dans un encadrement circulaire
   de feuilles de chène (22 c. de diamètre). Signé : *Gabriel de Saint-Aubin*
   1770. Dans le coin du haut l'artiste a écrit : *La croix élevé en Asie-*
   Mineure illumine tout lemisphère (sic) *et principallement l'Europe.*

4. *La Dauphine, entrant dans Paris, s'arrête un moment à la porte charetière*
   des Tuileries, en 1773.
   « Contre le mur des Tuileries est arrêté le carrosse en glaces et à huit
   « chevaux blancs, le carrosse de Marie-Antoinette, entouré d'une nombreuse
   « escorte à cheval. Sur le premier plan, c'est une cohue de voitures, de gens
   « à cheval, de gens à pied, parmi lesquels des femmes du peuple dansent, en
   « élevant au-dessus de leurs têtes des bouquets.
   « Le croqueton (H. 11 c., L. 17 c.), lavé d'encre de Chine et de bistre, a le
   « fond si légèrement indiqué qu'il faut le deviner. L'indication du titre est
   « d'une main de la famille. De G. »

5. *Le Magnifique.* « Un homme en costume espagnol désignant, dans le fond
   « d'une pièce, un galant assis dans un fauteuil et penché amoureusement
   « vers une femme.
   « Croqueton en quelques coups de plume (H. 9 c., L. 11 c.). En bas, d'une
   « écriture de la famille, *Croquis du Magnifique.* De G. »

6. Dans un cloître en ruine, gisent à terre les restes d'un pressoir, avec des
   cuves, barils, etc. Différents personnages animent la composition. On
   distingue encore sur le fond les restes d'une peinture à fresque. Dessin au
   crayon (H. 15 c., L. 23 c.) lavé d'encre de Chine.

7. Une muse assise jouant de la cithare, de l'autre côté une muse tenant dans
   sa main un masque. « Cette aquarelle (H. 10 c., L. 15 c.) est lavée d'encres
   « verdâtres et rosâtres, au milieu desquelles la muse musicienne, gouachée
   « de blanc, prend quelque chose de la pierre et du fantôme. Au dos, d'une
   « écriture de la famille : *Gabriel de Saint-Aubin*, 1774. De G. »

8. Un personnage antique, un bras levé, dans l'attitude d'un poète qui
   compose des vers ; à sa gauche passe en dansant une nymphe qui lui envoie
   un baiser. Aquarelle du même faire que la précédente.

9. Une jeune femme assise de profil à droite, la tête couverte d'un chapeau

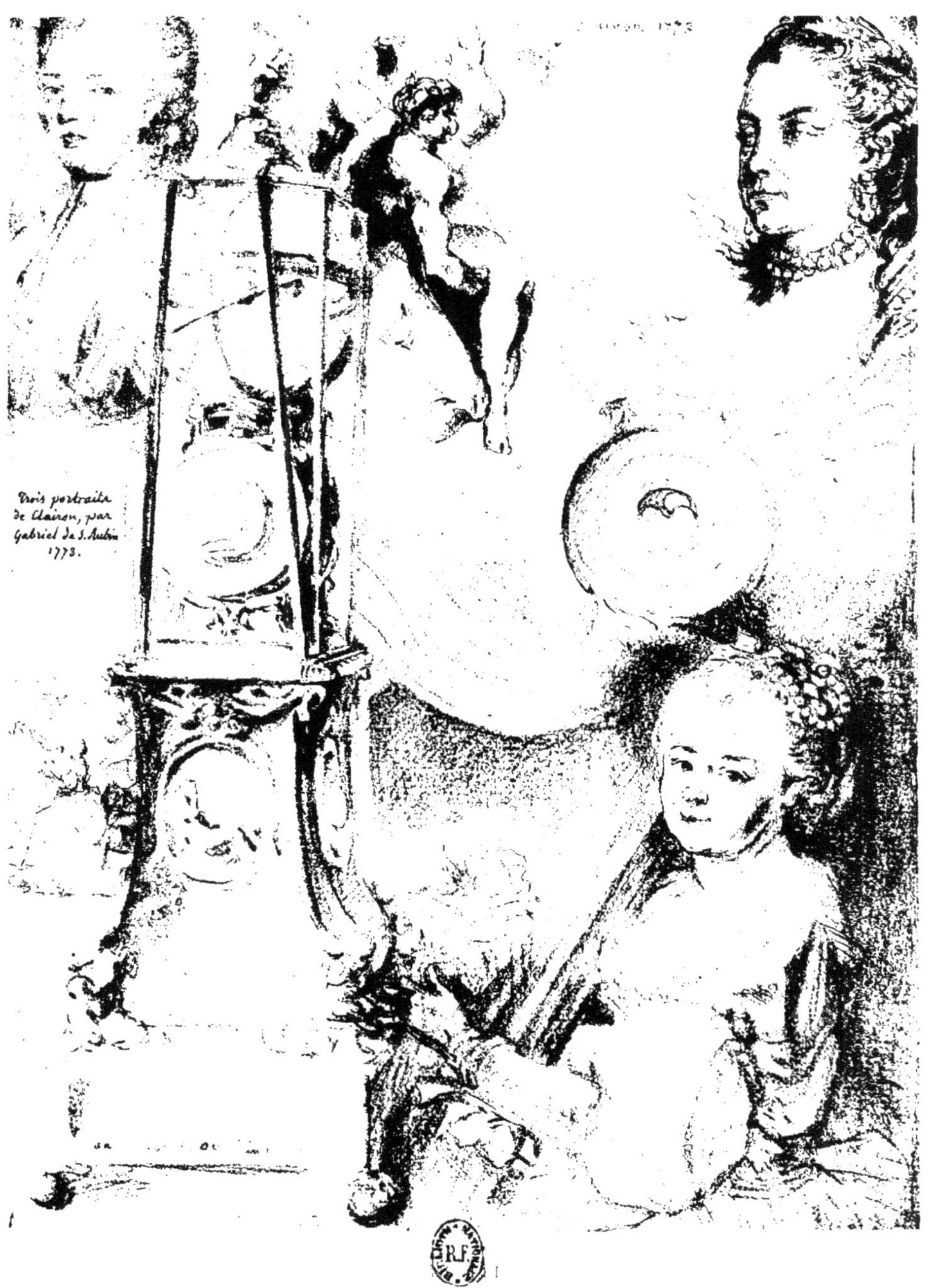

Trois portraits
de Clairon, par
Gabriel de S. Aubin
1773.

à plumes, tient un livre entrouvert. Dessin au crayon noir. (H. 20 c., L. 14 c.). Signé à la plume : *Gabriel de St-Aubin*, 1776.

10. *Projet d'un poèle.* « Un poèle avec des rinceaux en relief où se voient des « enroulements de corps de femmes nues. Il est surmonté d'une boule où « s'élance un palmier qui s'épanouit au plafond. Des tasses, des bouteilles « sont posées sur la faïence avec, autour, assis ou debout, un officier et des « nouvellistes. Au fond, une mappemonde d'où monte un palmier : un détail « en grand du tuyau du poèle.

« Le croquis (H. 12 c., L 18 c.) est à la pierre d'Italie, relevé d'encre de « Chine et frotté d'un peu de craie. Sur un ruban de la monture se lit, d'une « écriture de la famille : *Projet d'un poëlle.* De G. »

11. Une allée de parc avec promeneurs, enfants, gens assis. Dessin au crayon noir. (H. 9 c , L. 15 c).

12. Sur la même feuille 3 croquis à la plume, deux enfants dont l'un tient sur son dos un cerf-volant, un rémouleur et un violoneux. Au bas de la main de *Germain de Saint-Aubin : L'un des cent mille croquis de Gabriel Jaque de Saint Aubin, l'un des plus intrépides dessinateurs du siècle, il croquoit sur la marge des catalogues, les tableaux et desseins qu'on exposoit en vente. S'il aloit a la promenade, son crayon metoit a contribution les passants : les séances académiques n'étoient pour lui qu'un tableau mouvant dont il faisoit une esquisse. Au sermon il dessinoit le prédicateur. En un mot, il eut toutte sa vie, un priapisme de dessein.*

C'est domage qu'il ait négligé l'ordre et la propreté dans ses compositions. Il est mort en février 1780 *âgé de* 56 *ans.*

Au v° de ce dessin un mascaron avec tête de faune, au crayon noir.

13. Sept petites études de faunes jetées sur une feuille de papier. « Croquis à « la plume, d'un puissant contour serpentant (H. 16 c., L. 22 c.). La feuille « est signée : *G. de St-Aubin*, avec, au bas, de la main de Gabriel : *Croquis « de faunes à l'usage des jeunes architectes qui veulent en placer dans des « bâtiments rustiques.* De G. »

14. *Un Duel.* « Dans une ruelle, en face d'une porte donnant sur des jardins : « deux gardes françaises tirent l'épée ; l'un se fend à fond en quarte.
« Large et courant crayonnage à la pierre noire. De G. »

15. *Mahomet.* « Un homme dans un costume oriental brandissant un cimeterre, « dans le fond un homme tombé sur lequel se penche une femme.
« Assez maladroite pierre d'Italie (H 18 c., L. 14 c.). Elle est signée , « *Gabriel de Saint-Aubin*, 1765. Acte V. Au bas, dans une tablette, d'une « écriture de la famille. *Mahomet Ier.* De G. »

16. *Mentor au pied du throne entretient le jeune prince sur la géographie et les sciences relatives au commerce.* Croquis à la pierre d'Italie et à la craie (H. 12 c., L. 13 c.). Le jeune prince avec le cordon de St-Louis tient la main posée sur une sphère.

17. « Sous le péristyle d'un palais, un écrivain, accoudé à une table, prend « par le poignet la femme nue avec laquelle le xviiie siècle personnifie la « Vérité. A terre, une marmotte. Dans le fond passe un portefaix chargé « d'imprimés, sous la dispute d'un homme gesticulant avec un prédicateur « en chaire.
« Lavis à l'encre de Chine sur trait de plume. Il est signé *G.D.S.A.*, 1767. « De G. »

18. *L'Histoire.* « La Muse debout, le regard dans le lointain, écrit sur un « livre posé sur le dos du Temps qui lui sert de lutrin, et dont la faux est à « ses pieds.

« Le dessin (H. 16 c., L. 9 c.), sur trait de plume, relevé d'encre de
« Chine, de bistre, et grisaillé de blanc de gouache, est de la plus élégante
« tournure. De G. » En bas, de l'écriture de Gabriel de Saint-Aubin :

HISTOIRE.

On doit tracer l'histoire   *Traçant sur les ailes du Temps*
Parmi d'antiques monuments   *Tous les faits dignes de memoire.*

19. Marie-Antoinette à cheval. « En avant d'un carrosse aux panneaux fleurde-
« lisés, la Dauphine est montée sur un cheval blanc à la longue queue libre
« et balayante. Elle a sur la tête un petit chapeau noir aux plumes envolées.
« La tête un peu tournée en arrière, Marie–Antoinette a la main qui tient la
« cravache rabattue, résolument posée sur la hanche. Délicate et légère
« pierre noire. Elle est signée : *G. de S. Aubin*, 1771. On lit dans la marge
« d'une écriture de la famille : *la Reine à cheval*. De G. »

20. *M. le Bossu porté en triomphe*, dessin très–terminé à la pierre noire
relevé de plume et rehaussé de craie. (H. 14 c. L. 9 c.). Signé *G. d. S. Aubin*,
1776. Composition restée inédite, destinée à l'illustration des *Nouveaux
Voyages dans l'Amérique septentrionale*, par le chevalier Bossu.

21. *Jupiter et Hébé*. Jupiter assis dans l'Olympe, le coude appuyé sur une
table sous laquelle est blotti l'aigle du dieu, tend sa coupe à Hébé qui lui
verse le nectar. Joli dessin très-poussé au crayon noir. (H. 13 c. L. 10 c.).
Signé *G. d. S. A.* 1772. *Mars.*

22-23. Garçon d'hôtellerie comptant son obole — Jeune fillette mangeant la
bouillie sur un fauteuil, 2 dessins de la jeunesse de l'artiste à l'encre de
Chine. (H. 21 c. L. 15 c.).

24. *La Minerve de Mlle St-Quentin, marchande de modes.* « Au fond de la
« boutique, aux murs pleins de choses, est posée sur un comptoir une
« grande statue de Minerve, coiffée d'un casque empanaché, tenant de la
« main droite une lance, et se couvrant de la main gauche d'un bouclier.
« A droite et à gauche, se tiennent debout, contemplant la Minerve, des
« gentilshommes dont l'un a la main appuyée sur le dossier d'un fauteuil.
« Ce croquis (H. 21 c., L. 16 c.) est largement traité à la pierre d'Italie,
« avec un essuiement de pinceau sale dans le dos de l'homme appuyé au
« fauteuil. Il est signé *G. d S A.* On lit, dans la tablette du bas, de la main
« de Gabriel : *La Minerve de St-Quentin, m^d de modes.* De G. »

25. *Le Roi Salomon.* Dans un riche palais à colonnades, le roi Salomon,
entouré de jeunes femmes, examine des objets d'arts qui lui sont pré-
sentés. Dessin ravissant, très–fini, lavé d'encre de Chine avec des rehauts
roussâtres. (H. 17 c., L. 20 c.) Signé *Gabriel de St-Aubin pinxit*, 1760.
Au bas l'artiste a écrit six vers de Voltaire tirés de la *Défense du Mondain
ou l'apologie du luxe.*

> *Je veux icy vous parler d'un grant homme,*
> *Tel que n'en vit Paris, Pekin, ni Romme :*
> *C'est Salomon ce sage fortuné*
> *Roi philosophe et Platon couronné*
> *Qui connoissoit du cèdre jusqu'à l'herbe*
> *Vit-on jamais luxe plus superbe ?*
>
>   *Voltaire.*

Nous donnons la reproduction de ce dessin.

26. *Portrait de Mlle Arnould aux Augustins.* « Dans un intérieur plein de
« statues et d'antiquités vagues, une femme est accoudée sur la tablette
« d'une cheminée chargée de vases. Son manchon posé sur une chaise à

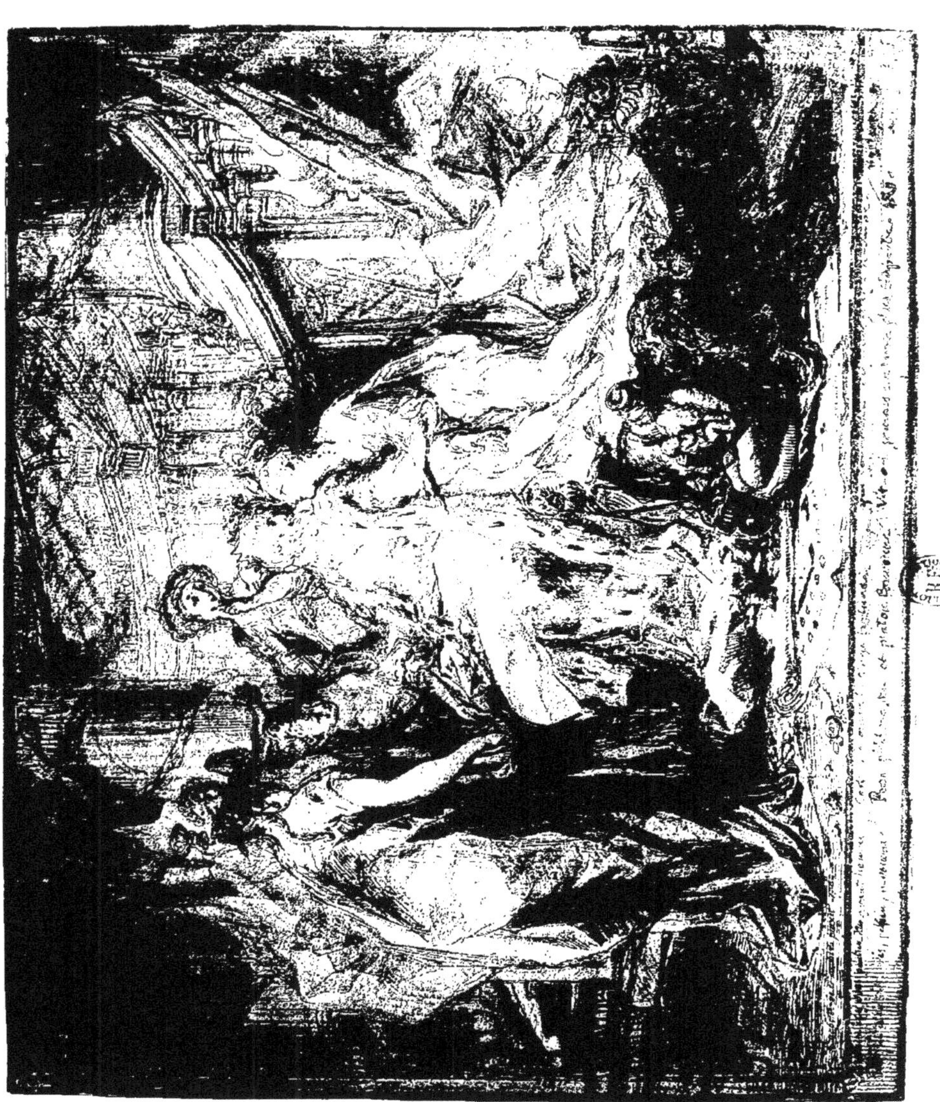

« côté d'elle, elle tend à la flamme la semelle d'un soulier à talon haut,
« pendant qu'une autre femme lui parle à l'oreille, avec un geste qui
« semble recommander la discrétion.

   « Le croquis (H. 16 c., L. 11 c.) est à la pierre d'Italie relevé de plume. Il
« est signé : *G d S A*. On lit en haut d'une écriture de la famille : *Souvenir*
« *de M*ᵉ *Arnou* (sic) *aux Augustins le 12 mars 1772*. Une autre écriture de
« la famille (Germain de St-Aubin) a écrit en bas : *En voyant dessiner*
« *Saint-Aubin, M*ᵉ *Arnoult m'a dit : Votre frère n'a point de dents, il fait*
« *plus de croûtes qu'il n'en mange. De G.* »

27. *Vue prophétique de l'Eglise de Ste-Geneviève pour l'an 3000*. A droite, le
   portail de l'Église Ste-Geneviève, en face l'École de Droit devant
   laquelle se dresse une statue. Dans la perspective la rue des Chiens bordée
   de palais. Dessin à la plume rehaussé d'encre de Chine avec tout un coin
   du ciel bleu. (H. 10 c., L. 15 c.). Signé *G. de St-Aubin f.* En haut et en bas
   quelques lignes à peine lisibles de la main de *Gabriel*. La légende donnée
   plus haut est de la main de *Germain*.

28. *Boutique de M*ᵉ *St-Quentin*. « A droite, au-dessus d'un comptoir où une
   « petite mallette de carton est entr'ouverte, quatre demoiselles de magasin
   « manient debout des fleurs artificielles, que l'une d'elles monte sur une
   « coiffure de femme. Une cinquième est pressée par un galant qui va
   « l'embrasser. Au fond, au-dessus d'un socle rond, une statue polychrome
   « de Minerve en cuirasse d'argent, en casque et en bouclier d'acier, et
   « foulant aux pieds une draperie pourpre. Près de la statue, une servante,
   « se haussant sur la pointe des pieds, cherche à détacher une robe aux
   « couleurs voyantes, accrochée à un clou. A droite, sur le premier plan,
   « deux curieux d'art examinent une espèce de petite amphore, que l'un
   « d'eux tient délicatement entre ses mains.

   « Cette aquarelle (H. 20 c., L. 10 c.) est lavée sur un trait de plume et
   « sur un frottis de pierre noire, presque uniquement d'un ton de carmin
   « brunâtre qui met une chaude harmonie dans la boutique. Elle est signée
   « *G. de Sᵗ aubin f. 15 janvier 1777*. On lit, de la main de l'aquarelliste,
   « dans la tablette sur laquelle s'étend la teinte carminée: *Boutique de*
   « *M*ᵉ *St-Quentin, rue St-Honoré, Au Magnifique. De G.* »

29. « Un peintre de profil tourné à droite, peignant sur une toile posée sur un
   « chevalet ; devant lui, une femme assise, tenant dans sa main un glaive,
   « dans l'autre une balance. Composition où Gabriel s'est représenté dans
   « un profil ressemblant de la manière la plus frappante au portrait gravé
   « par mon frère (Jules de Goncourt). Lavis à l'encre de Chine. De G. »

30. « *La Fontaine Saint-Pierre, au pré Saint-Gervais*. — Dans les arbres,
   « une petite bâtisse au toit trilobé, avec, au milieu, une porte en bois
   « fermée, au-dessous de laquelle un homme en chapeau rond remplit des
   « verres, en forme de petits pots à fleur, à un filet d'eau coulant d'une
   « rigole. Une petite fille entraîne une grande fillette vers l'homme aux
   « verres.

   « Croquis à la pierre d'Italie (H. 14 c., L. 11 c.). Gabriel a écrit au crayon
   « sur le fronton de la fontaine : *Fontaine S. Pierre*, 1740. L'inscription en
   « marge est d'une écriture de la famille. De G. »

31. Dais de la chapelle de Versailles. « Sous un dais de la plus grande richesse
   « de dessin, Gabriel a assis le roi couvert du manteau royal avec, sur la
   « tête, le chapeau à plumes du sacre, et entouré à droite et à gauche des
   « grands officiers de la couronne.

   « Croquis à la pierre noire très-légèrement indiqué. Gabriel l'a signé
   « *G D S A* et écrit de sa main : *Croquis d'un dais présenté par mon frère*
   « (Germain de Saint-Aubin) *le 8 juin 1779. Chapelle de Versailles. De G.* »

32. *Le Nain de la foire en* 1770. « Un homoncule à la tête énorme, posé sur
« une petite table, est montré par un homme à la longue houppelande. Une
« femme le regarde ébahie, les genoux pliés. Derrière elle, deux ou trois
« femmes causent du phénomène. Au fond, un pître soulève la toile, sous
« laquelle passe un homme faisant un geste d'étonnement à la vue du
« monstre.

   « Le croquis (H. 13 c., L. 16 c.) est fait à la pierre d'Italie, relevé de
« plume et rehaussé d'un rien de lavis rose. Le titre est d'une main de la
« famille. De G. »

33–34. Dessin à deux compartiments. Dans celui du bas, la nouvelle église
Ste-Geneviève, l'école de Droit et la statue de Louis XV ? Esquisse
du Nᵒ 27. Dans celui du haut, la statue du roi. Dessin à la plume avec
lavis d'encre de Chine. (H. 19 c., L. 15 c.). Signé *G. d. S. A. ex.* 1776.
Dans le bas, les 20 vers qui se trouvaient sur le socle de la statue.

   Au vᵒ projet de monument en l'honneur des magistrats. Six d'entre eux
sont debout le long d'un portique. Très–beau dessin à la plume lavé d'aquarelle. Signé et daté Décembre 1776.

35. « Dans la cour d'une étable, une femme aux quatre mamelles, enlevant de
« dessus sa tête le voile qui la recouvre, apparaît toute nue au milieu de
« moutons couchés et dormant.

   « Grand croquis à la pierre noire (H. 21 c., L. 15 c.), légèrement lavé au
« bistre par un pinceau qui a seul tracé le gras contour des moutons et les
« ornements du cadre carré dessiné autour de l'ovale du croquis. Il est
« signé *G D S A.* 1777. En haut : *A la plume d'après nature 23 may* 1777.
« De G. »

36. Un prédicateur dans sa chaire. Quelques personnes l'écoutent. Dessin au
crayon noir. Au bas, à la plume de la main de *Germain de St-Aubin* : « *Un
vendredy saint, Gabriel de Saint-Aubin, peintre, s'étant placé dans la nef
de Notre–Dame pour entendre un célèbre prédicateur, tira, par habitude,
son livre et se mit à dessiner l'orateur. Les personnes placées près de lui le
regardoient faire ; celles de devant se retournoient, celles de derrière se
haussoyent sur leur chaise. Enfin il attira si fort l'attention des auditeurs
que le prédicateur suspendant son discours dit : « Quand les yeux seront
satisfaits, j'espère qu'on me prétera l'oreille. » Il dessinoit ainsi en tout
temps, et tout lieu, avec une passion qui n'a pas d'exemple.* »

37. Les quatre éléments. Les éléments sont représentés : la terre par un
amour jardinier, l'air par un pigeon qui rejoint un amour, le feu par un
amour tenant une torche, l'eau par une nayade. Ces 4 dessins au crayon
noir dans des médaillons sur une même feuille sont signés *G. de
St Aubin* 1777.

38. Une Arrestation. « Une jeune femme, coiffée d'un de ces battant–l'œil avec
« lesquels Octavien cache un morceau de ses jolis profils, et vêtue d'une
« robe dont la longue traîne se répand derrière elle, a le pied sur le
« marchepied d'un carrosse, les bras levés dans un mouvement d'effroi.
« Elle est poussée par derrière par une sorte d'exempt ; de l'autre côté de
« la portière se tient un ecclésiastique dont on ne voit que le dos et la
« calotte.

   « Légère et spirituelle pierre d'Italie. (H. 13 c., L. 10 c.). De G. »

39. « Sous un arbre, une Ève nue entoure d'un de ses bras le cou d'un cerf
« qu'elle attire sur sa poitrine ; un lapin est tapi sur sa hanche, et un coq,
« du haut d'un tertre, salue le lever du soleil dans un ciel, où un nuage
« a la forme d'un Jéhovah planant dans l'éther.

« Lavis d'encre de Chine et de bistre (H. 14 c., L. 9 c.). Il est signé *g. d. S.*
« 1765. De G. »

40-44. Cinq dessins pour les Fables de La Fontaine, plume et sépia.

45. Un amour vêtu en guerrier se pose fièrement devant une femme lisant. Croquis au crayon lavé de sépia, signé *Gabriel de St-Aubin del.*

46. Robinson en exploration, dessin à la plume sur papier rouge.

47. *Vue intérieure de la Chapelle des Enfants trouvés, à Paris.* Croquis à la plume rehaussé de sépia.

48. Deux hommes assis à mi-corps, causant; l'un tient sa main appuyée sur le jabot de l'autre. Portraits très-finis au crayon noir. (H. 20 c., L. 15 c.). Signé G. D. S. A.

49. Intérieur de sérail. Une femme assise sur un divan, la tête appuyée sur sa main paraît rêver ; une lettre ouverte est tombée à ses pieds. Une autre femme la tête entourée d'un turban est endormie sur des coussins. Aquarelle très-poussée remarquable par la variété et la richesse du coloris. (H. 13 c., L. 17 c.).

50. Étude de tête de profil, sanguine, exécutée le 14 août 1736 (*non retouchée*) l'artiste était âgé de 12 ans.

51. Jeunes femmes à la promenade. Curieux pour les toilettes. Au premier plan un chien couché, croquis crayon et plume. (H. 14 c., L. 14 c.).

52. Croquis de divers personnages, l'un d'eux, un artiste, tient un carton sous le bras. Plume.

53. Croquis de jeunes enfants. Au crayon signé : *G^{el} de St-Aub. del.*

54. Statue de femme. Crayon noir. Au bas : *Statue de le Gros aux Thuileries.* Au v° portrait de femme assise, le coude appuyé sur une table. Dessin fini au crayon noir. (H. 17 c., L. 12 c.).

55. Deux amours dont l'un porte un capuchon de moine et l'autre tient un flambeau en découvrent un troisième étendu mort. Eau-forte non décrite signée *Gabriel de St-Aubin* f^{it} 1766. (H. 72 mm. L. 98 mm.). Épreuve retouchée à l'encre de Chine, avec un cercueil dessiné à droite. Au bas : *retouché en* 1776.

56 Portrait de jeune femme, de profil à droite, les cheveux pris dans un fichu, pastel très-avancé. (H. 18 c., L. 13 c.). Signé : *Gabriel de S. A.*

57. Statue de femme dans une niche. Dessin au crayon noir daté 1751.

58. Combat en champ clos. Trois couples de chevaliers sont aux prises. Au fond une estrade avec des femmes. Crayon avec rehauts d'encre de Chine. (H. 17 c., L. 22 c.). Signé : *Gabriel de S. A. del.*

59. Statue d'homme antique. Crayon noir.

60. Dans l'espace blanc réservé d'un écran gravé sur cuivre, une jeune femme passe les bras autour du cou de son amant. Fin dessin au crayon noir.

61-63. 3 croquis à la plume pour le *Faux Savant ou l'Amant précepteur.*

64. Assemblée dans un parc, croquis à la plume. Au bas de la main de *Germain*: *Bien fin qui s'y reconaitra.*

65. Un jeune homme enguirlandé de roses embrasse une jeune fille, croquis au crayon noir.

66. *L'Amour enchaîné par l'Amitié.* Pierre gravée de Guay dessinée à la plume. Au bas de la main de l'artiste : *Inventé par Mme de Pompadour et dessiné par Boucher. Gravé sur une sardoine par M. Guay et sur cuivre par M. Fessard,* 1755.

67. Chat et perroquet, croquis au crayon noir.

68. *Le cabinet de M. Réaumur.* « Un appartement très-élevé, garni jusqu'à la
« corniche du plafond d'armoires vitrées renfermant des objets d'histoire
« naturelle. Au milieu, un appareil à électriser. Par l'ouverture d'une porte
« au trumeau sculpté, on aperçoit un second cabinet dont l'arrangement est
« le même. Un public de curieux regarde et lorgne les armoires, le tricorne
« sous le bras.

« Le croqueton, très-vague et très-peu lisible (H. 8 c., L. 10 c.), est fait
« avec quelques coups de plume. Au bas, d'une écriture de la famille :
« *Partie du cabinet de M. Réaumur.* De G. »

69. *Ulysse dans le ballet des Vents.* « Ulysse en casque à plume et en tonnelet,
« entouré de danseuses l'enveloppant de leurs grâces.

« Dessin ovale (H. 16 c., L. 23 c.). Mine de plomb lavée de bistre dans
« quelques parties avec un ciel aquarellé d'outremer et les joues des
« danseuses pastellées de rose, dessin très-lumineux. Il est signé *g. d. s. a.*
« et porte écrit : *Ulysse dans le ballet des Vents. Opera. Entrée des syrènes.*
« De G. »

70. Deux femmes debout tenant des fleurs, l'une dans un tablier, l'autre dans
une corbeille. Croquis au crayon noir.

71. Une bergère enrubannée reçoit de son galant berger agenouillé devant
elle un mouton.

Au premier plan un chien endormi et des moutons. Dessin au crayon
noir. (H. 17 c., L. 12 c.).

72. Portrait de femme (Mme Donnebecq) de profil à droite tenant un doigt sur
ses lèvres et une viole sur ses genoux. Dessin ovale à la plume. Signé
G. D. S. A., décembre 1766.

73. *Minerve montre au duc de Bourgogne naissant, le temple de la gloire,
un génie se dispose a lui faire conoître les sciences,* 1756. Dessin au crayon
noir. (H. 11 c., L. 17 c.).

74. Amours portant un casque et un bouclier, dessin au crayon noir.

75-76. Hercule appuyé sur sa massue ; 2 dessins de camées à la plume et au
crayon.

77. La marquise du Châtelet. — « Une femme posée sur un piédestal comme
« une statue. Elle a sur les épaules un mantelet de dentelle qui s'ouvre et
« laisse voir un corsage et une jupe de dessous à laquelle est attachée une
« grosse montre. D'une main, elle tient une plume, de l'autre, un papier qui
« porte écrit : *Institutions de physique.*

« Le dessin (H. 17 c., L. 9 c.) est délicatement fait à la pierre d'Italie,
« Gabriel a écrit au-dessous au crayon : *la marquise du Châtelet.* Sur un
« piédestal à côté qui porte : *Voltaire* 1770, le dessinateur n'a pas eu le temps
« de dessiner la statue du grand homme qui flotte dans un contour à peine
« visible. De G. »

78. Chant premier de la Pucelle, croquis au crayon et à la plume.

79. *Cabriolet-voiture de mode à Paris en* 1754. « Petite voiture découverte,
« en forme de talon de soulier, avec une grande tête de la Folie sur le tablier
« à l'endroit où passent les guides, avec une autre petite tête de Folie sur
« le harnachement du cheval. Un gentilhomme conduit la légère voiture, un
« domestique debout derrière lui.

« Assez mauvaise sanguine. Le titre d'une main de la famille. De G. »

80. Portrait de femme en buste de trois quarts à droite. Dessin au crayon noir
signé : *G. D. S. A. del.* Dans le haut petite tête d'homme dessinée à la
sanguine.

81. *Scène des Amazones,* croquis à la plume.

82-83. Quarante statues et groupes antiques jetés sur une feuille.
« Le croquis (H. 19 c., L. 16 c.) est tracé d'un contour écrasé, ressem—
« blant au large trait que fait une plume de roseau. De G. »
Au v° projet d'une statue de Louis XV. A ses côtés la Renommée ; à ses
pieds des Amours. Croquis au crayon noir.

84. *Scène de Tirésias dans l'opéra de Naïs.* « Au milieu d'un cercle de femmes
« un vieillard assis, appuyé sur un bâton, consulte une jeune fille.
« Le dessin (H. 10 c., L. 12 c.) est enlevé à la plume avec un nuage de
« lavis. De G. »

85. « Sur la même feuille, une vieille carabosse avec un nez informe, et un
« gros homme avec un mufle de gargouille pour figure.
« Ces croquis (H. 11 c., L. 18 c.) de la jeunesse de Gabriel sont tous deux
« à la pierre d'Italie et à la mine de plomb et légèrement estompés Il y a
« écrit au—dessous de la vieille : *La Fée Concombre* ; au—dessous de l'homme
« monstrueux : *Le Patriarche Semprenutio.* De G. »

86. *Jérôme et Fanchonnette.* Ils marchent vers la gauche se tenant par le
bras. Croquis crayon et plume. (H. 17 c., L. 12 c.)

87-92. *Testes* (grotesques) *d'après Léonard de Vinci,* 6 dessins au crayon noir
en forme de médaillons.

93. *Dorotée dans la Prison.* Spirituel croquis au crayon noir et à la plume.
(H. 23 c., L. 18.)

94. *Hôtel Fréron.* « Un cartouche formé par l'enlacement de serpents sortant
« de tiges fleuries de chardons, et usant leurs dents impuissantes sur un
« globe entouré de rayons lumineux. Dans le blanc du cartouche est écrit :
« *Hôtel Fréron.*
« Le dessin (H. 17 c., L. 17 c.), à la pierre noire, lavé de bistre et relevé de
« plume, est douteux et pourrait être de Germain de Saint-Aubin. De G. »

3° DESSINS D'AUGUSTIN DE SAINT-AUBIN (1736-1807).

D'Augustin de Saint-Aubin, le présent recueil contient surtout des portraits
c'est là que l'artiste est incomparable. « Car Saint-Aubin, en dépit de ses douze
« cents pièces gravées, est avant tout un peintre du pastel et de l'aquarelle.
« C'est un coloriste léger et doux, un talent d'estompe et de caresse dont les
« imaginations galantes jouent dans une eau à peine rosée, une eau de rose
« mourant des pâles nudités de vieux saxe. C'est le peintre de la femme, un
« crayonneur qui la crayonne avec des doigts d'amoureux, un portraitiste où il
« y a de l'amant. Un souffle de pastel, un nuage d'aquarelle, c'est celle-ci, c'est
« celle-là, et toute la foule de celles qui ont brigué d'être peintes par lui :
« grandes dames, bourgeoises du haut monde, actrices, impures, vivantes
« encore aujourd'hui dans la fleur et le printemps de leur teint, dans l'aimable
« rayonnement de leur chair décolletée. Nul des contemporains, que je sache,
« n'a donné, comme ce Saint-Aubin, la physionomie de la femme du temps. Nul
« n'a peint comme lui la femme du xviii° siècle dans le voluptueux de sa grâce.
« Nul ne l'a saisie comme lui dans sa séduction sensuelle et dans son charme
« tendre et dans sa coquette spiritualité et dans son papillotage... Mais
« laissons la parole à de pareilles choses. Il les faudrait pour toute louange,
« réunis et montrés au public, ces portraits de Saint-Aubin. Il faudrait laisser
« la plume ici, et mener le lecteur à ces huit ou dix portraits de femmes acquis
« par M. de Janzé à la vente de Renouard, et à quelques autres dessins,
« éparpillés, jetés aux quatre vents des collections particulières, et que notre
« musée du Louvre dédaignera bien cinquante ans encore. De Goncourt. »

I. *Portraits.*

1-10. Dix portraits de femmes en buste, de face ou de profil, exécutés aux crayons de couleurs; parfois avec des rehauts d'aquarelle. Tous ces portraits anonymes sont des chefs-d'œuvre.

11-12. 2 portraits de femme en buste exécutés à la sépia.

13-29. 17 portraits de femme en buste, de face ou de profil, la plupart signés et datés, exécutés au crayon noir.

30. Portrait de jeune femme en buste, dessin aux deux crayons.

31. Portrait de jeune femme en buste, dessin à la plume (dans le fond 2 hommes vus de profil.)

32-35. 4 portraits de jeunes femmes en pied, aux crayons de couleur, à la sanguine et aux deux crayons.

36. Portrait de jeune femme assise, à sa toilette, dessin à la plume et à la sépia, daté 1758.

37-38. 2 portraits de jeunes femmes assises, dont celui d'Agathe de Saint-Aubin, dessins au crayon noir.

39. Portrait de jeune femme en buste, les seins découverts. Ravissante miniature sur vélin.

40-42. 3 portraits d'enfants aux crayons noir et de couleur.

43. Enfant dessiné au berceau par son père Aug. de St-Aubin, 7 juillet 1766, dessin au crayon noir.

44-45. 2 portraits d'hommes assis, dont celui de Delor, physicien, dessins au crayon noir.

2. *Sujets divers.*

46. Figure pour le Mémoire de Germain de Saint-Aubin sur l'Art du brodeur ; dessin à l'encre de Chine.

47. *Ballet des Savoyards*, dansé à la Comédie italienne en 1751, dessin à l'encre de Chine d'après *Gabriel de Saint-Aubin.*

48. Scène d'opéra comique ; une jeune fille à genoux aux pieds d'un Roi. Composition animée de 12 personnages. Dessin à la sépia (H. 16 c. L. 13 c.), ayant comme légende : *Malgré moy, Ah Sire !*

49. Un des St-Aubin barbouille de noir le nez d'un de ses frères endormi, dessin à l'encre de Chine (H. 19 c. L. 27 c.). Au bas : *Composé par Gabriel de Saint-Aubin, dessiné par Augustin de Saint-Aubin pour Gabriel-Germain de Saint-Aubin, d'après ces 3 espiègles, 20 juin 1750* (l'artiste était âgé de 14 ans).

50. Allégorie sur les médailles et antiquités, dessin à la plume et à la sépia.

51-52. 2 dessins de la suite des *Jeux des polissons de Paris* ; ont été gravés par l'artiste.
 1. *La sortie du Collège*, plume, lavé d'encre de Chine.
 2. *La Corde*,   id.   id.

53. *Le Triomphe de l'amour.* Plafond composé et peint par Gabriel de Saint-Aubin en 1753 et dessiné en petit par Aug. de St-Aubin en 1754. Exposé à l'Académie de Saint-Luc en 1774. Dessin à la plume et à l'encre de Chine « De la peinture du plafond projeté en 1752 et exposé au Salon de la Blancherie, un dessin du Livre des Saint-Aubin possédé par M. Destailleur nous permet d'en faire la description. Un plafond rectangulaire aux angles

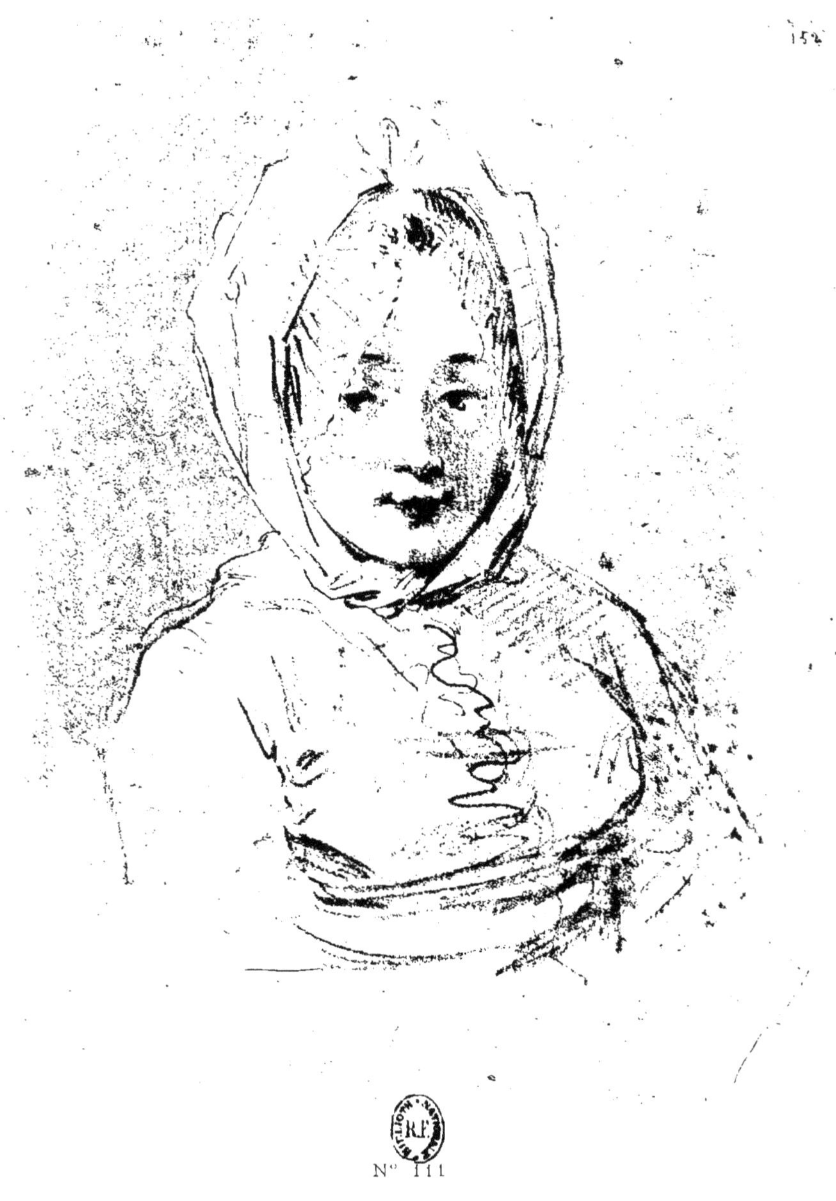

arrondis et chantournés, où les rinceaux de la rocaille sont interrompus par une guirlande de fleurs, apparaissant çà et là et venant mourir entre les mains de deux Amours qui en soulèvent le bout, pour en enchaîner des tigres. Au centre du plafond, un petit Amour vainqueur, le pied sur des couronnes et tenant une flèche comme un bâton de commandement, et autour duquel se silhouettent des corps de femmes nues au milieu d'envolées de colombes. Et sur le champ du plafond épandus une trentaine d'Amours dans tous les renversements, les raccourcis, tous les mouvements de grâce de corps enfantins, et apportant aux pieds du petit dieu vainqueur les attributs des autres divinités. De G. »

54. Un soldat d'infanterie, l'arme sur l'épaule. Dessin au crayon noir signé : *Aug. de St-Aubin del.* 1763.

55. Une des pyramides d'Égypte, dessin plume et sépia, signé : *Aug. de St-Aubin, in. del.*, 1758.

56-57. Deux groupes d'Amours sur des nuages, chantent et jouent de divers instruments, crayon noir et sépia. Probablement deux projets de cartes d'entrée du *Concert bourgeois de la rue St-Antoine.*

58-60. 3 dessins à l'aquarelle, de très-petites dimensions et d'une grande finesse : *Une Déclaration. Confidence. Madeleine surprise.*

61. Promeneurs dans un jardin. Dessin au crayon noir. (H. 20 c. L. 14 c.).

62. Études de chats. Crayon noir signé : *Aug. de S. A. del.*

63. Commissionnaire, dessin aux 2 crayons.

64. Un Violoneux, dessin au crayon noir.

65. Mère donnant la bouillie à son enfant, joli dessin au crayon noir.

66. Jeune femme debout tenant des provisions dans un mouchoir, dessin au crayon noir.

67. *Mode de* 1756. Gentilhomme en pied, le chapeau à la main. Plume et aquarelle. Signé *A. de St-A.* 1761.

68. Orphée jouant de la lyre, dessin au crayon noir, signé *Aug. de St-Aubin, inv.* 1759.

69. Amours lutinant un bouc, dessin à l'encre de Chine de forme ovale, signé *Aug. de St-Aubin,* 1751.

70. Bravache coiffé d'un chapeau à plumes, dessin à la sépia, signé *Aug. de S.-A. del.*

71. Le Curé d'Orly prêchant, 1764, dessin au crayon noir, signé *Aug. de S.-A. del.*

72. Six têtes d'hommes et de femmes réunies sur la même feuille de vélin. Ravissant dessin au crayon noir.

73. Fontaine et jardin du Bélvédère à Frascati, 1750, dessin à la plume et à l'encre de Chine.

74. Jeune femme, un panier de fleurs à la main. Dessin au crayon.

75. Vieillard marchand, dessin à la sanguine.

76. *Nef pour le Roy,* pièce d'orfèvrerie, dessin à la plume et à l'encre de Chine, signé *Aug. S.-A.* 1749.

77. Statue équestre de Louis XV, dessin au crayon, 1766.

78. Tête et bras d'homme, dessin au crayon noir.

79. Paysage, dessin aux 2 crayons sur papier bleu.

80. Hommes et femmes en promenade, dessin au crayon noir, signé *Aug. de St-Aubin del.* 1759.

81. Un garde du Roi avec la pique, dessin au crayon noir.

82. Jeune femme dansant, crayon noir.

83. Danseur du Ballet des féeries, sépia.

84. Statue de femme, dessin au crayon noir, *Aug. de St-Aubin del.*

4° DESSINS PAR DIVERS MEMBRES DE LA FAMILLE SAINT-AUBIN.

I. Dessins de *Gabriel Germain de Saint-Aubin*, (1696-1756), père de Germain, Gabriel et Augustin.

1-2. Laitière et Veilleur, 2 dessins au crayon rouge, datés de 1716.

II. Dessins de *Marthe de Saint-Aubin* (femme Aublan) (1690-1735), tante des trois frères.

3-5. 3 bouquets de fleurs, plume et sanguine.

III. Dessins de *Catherine de St-Aubin* (1727-1805), sœur des trois frères.

6-7. Paysannes, 2 dessins au pastel datés 1761.

IV. Dessins de *Louis de Saint-Aubin* (1731-1779), frère de Germain, Gabriel et Augustin, peintre à Sèvres.

8-10. Entrée de Ville ; entrée de château ; paysage. Dessins au crayon noir.

11-12. 2 Bouquets, aquarelles.

V. Dessins de *Marie-Anne Le Clerc*, femme de Louis de St-Aubin.

13. Dauberval et Mlle Allard dans un ballet, aquarelle.

14. Musiciens russes, aquarelle.

15. Fragment d'éventail, aquarelle.

16. Portrait de jeune fille, pastel.

17. Jeune fille faisant un portrait de l'Amour, aquarelle. 1776.

18. Bal champêtre, aquarelle.

19-24. 27 coiffures de femmes sur 6 feuilles, dessins au crayon noir 1770-1764.

25. Femme en pied, dessin au crayon.

VI. Dessins de *Agathe de Saint-Aubin* (1739-1764), sœur des trois frères.

26. Adoration des bergers, plume et sépia, daté 1752.

VII. Dessins de *Louise-Nicole Godeau*, femme d'Augustin de St-Aubin.

27. Portrait de femme, sanguine.

28. Mère de famille et ses enfants, dessin au crayon.

29. Vaches, sanguine.

VIII. Dessins de *Marie-Françoise de St-Aubin*, femme Donnebecq, fille de Germain de St-Aubin.

30. Libellule, aquarelle.

31. Jeune femme en pied, dessin au crayon.

32. Jeunes femmes dans un jardin, dessin au crayon (au v° d'un dessin de *Germain de St-Aubin*.

33-43. Et 11 dessins divers anonymes.

5° DESSINS PAR DIVERS ARTISTES.

1. Portrait de femme en buste de profil à gauche dans un encadrement ovale. Superbe dessin aux crayons de couleur, signé *Denon, del.*, 1768.

2-5 Quatre dessins de *Boucher* au crayon noir, allégories sur l'Amour, d'après des pierres de Guay, ont été gravés par *Mme de Pompadour*.

Soit ensemble : 283 dessins.

Le recueil est dans son ancienne reliure en basane avec ce titre sur le dos : *Œuvres des St-Aubins*. Sur le f. de garde on lit : 155 *feuillets contenant 220 dessins, fructidor an* 10.

En tête une notice sur Gabriel de St-Aubin, écrite de la main de Germain de Saint-Aubin. (1).

Le *Livre des Saint-Aubin* sera offert en vente sur la mise à prix de TRENTE MILLE FRANCS.

112. RECUEIL DE DESSINS DE GABRIEL ET DE AUGUSTIN DE SAINT-AUBIN. En un vol. in-fol. oblong, mar. rouge, dent. et fil., tr. dor.

Précieux album formé depuis plus de quarante ans par M. Destailleur. Il ne comprend pas moins de 116 dessins dont 97 sont de *Gabriel de Saint-Aubin*.

« Les dessins de Gabriel, tout contrastés d'ombres et de lumières, et qu'on
« dirait toujours conçus en vue d'une eau-forte, ces dessins reconnaissables
« au milieu de tous les dessins des dessinateurs du siècle, par leur caractère de
« *dessins de peintre*, sont un vrai régal pour les yeux d'un amateur.

« Figurez-vous des dessins dont l'enchantement est fait d'une liberté, d'une
« audace, d'une outrance qui semblent les aventures, les bonnes fortunes, les
« hasards inespérés d'un crayon heureux, et qui ne sont que science et art. Des
« dessins dont un contour gras fait saillir les rondeurs du nu, comme de l'ombre
« portée d'une ronde bosse, avec des lignes de lumière qui ne paraissent dessinées
« que par la demi-teinte des fonds. Des dessins, où dans l'*osé* des noirs des
« parties à peine effleurées par le crayon, des parties grises du ton effacé d'une
« contre-épreuve, donnent, dans l'intensité des ombres, le rayonnement diffus
« et vague et comme mangé de lumière des morceaux éclairés par un coup
« de jour ; des portraits, ou des sourires de figures comme lointaines, s'estompent
« d'une caresse de vie, dans le tarabiscotage brutal des cadres et le fouillis
« heurté des accessoires. Des vignettes où le contour, tour à tour noyé, tour à
« tour profilé par un fin trait d'encre, donne à un petit personnage de deux
« pouces de hauteur le tournant d'une forme vivante dans une atmosphère. Des
« vélins où, dans la douceur de la plombagine sur la peau, Gabriel enferme une
« silhouette de femme flottante dans sa ligne, hors du nuage et dans le nuage
« encore. Des aquarelles, d'un emportement de coloris, des aquarelles qu'a
« bien certainement regardées l'aquarelle anglaise du commencement du siècle.

---

(1) « Gabriel de Saint-Aubin, né le 14 avril 1724, montra dès sa tendre jeunesse un goût décidé pour l'étude ; mais indocile aux usages, il suivit son penchant, aprit à dessiner et à peindre chez Sarasin, se livra de trop bonheure aux petites compositions qu'il chargea de trop de savoir et de détails gagna un grand prix à l'Académie royale, fit quelques tableaux et quelques élèves médiocre, passa sa vie à dessiner tout ce qui se trouvoit sur son passage. Les objets de ventes étoient dessinés sur les marges de ses catalogues, de manière à être reconnus. Il avoit la mémoire fort ornée, parloit hardiment, étoit remarqué partout où il se présentoit par sa malpropreté et son talent. Greuse a fort bien dit : « Il avait un priapisme de dessin. » A force de négliger tout ce qui concourt à la santé, il est mort dans un anéantissement absolu, le 14 février 1780, a laissé dans le plus grand désordre son linge, ses habits et quatre ou cinq mille dessins non terminés. »

« Des gouaches pareilles à un revers brouillé et nué des soies d'une tapisserie de
« Beauvais, dont le bariolage fait des hommes, des femmes, des foules. Des
« crayonnages, où, pour arriver à son effet, Gabriel risque tous les mé-
« langes, toutes les combinaisons, associe à la mine de plomb la sanguine
« et l'encre de Chine, qu'il recouvre encore de griffonnages dignes de la plume
« de la Belle. Il délave sa pierre d'Italie et la réchauffe avec du bistre, sur
« lequel il écrase quelquefois du pastel. Gabriel est préoccupé de tous les
« moyens : il est à l'affût de toutes les ressources, à la recherche de tous les
« procédés, et emploie même l'or liquide dans ses essais, ainsi que l'atteste
« une lettre de l'*Avant-coureur* de 1771 (1). A l'aide de ces essais, de ces
« tâtonnements, de ces inventions, de ces découvertes, de ces *ficelles*, de ce
« tripotage, — une nouveauté d'alors, — Gabriel arrive à un ragoût, à un
« gribouillis, à un barbouillage d'art qu'on ne rencontre chez aucun autre artiste.

« Toute cette science du clair-obscur sur le papier, toute cette science de
« la forme, tout cet art et tout cet esprit de la figuration d'après nature, ne sont
« jamais plus à l'aise que dans la réduction microscopique des choses, dans
« l'infiniment petit du dessin. Là, Gabriel de Saint-Aubin est vraiment unique et
« s'est créé une originalité sans égale. De Goncourt. *Art du dix-huitième siècle.* »

Voici le détail des dessins de *Gabriel de Saint-Aubin* contenus dans le
volume.

1. Frontispice de Æglé Opera. « Frontispice Rocaille représentant un bosquet
« en treillage avec deux Amours, dont l'un joue du clavecin, et dont
« l'autre danse en brandissant son carquois; un dessin charmant dont
« l'aquarelle-camaïeu est tenue absolument dans les tons roses et verdâtres,
« et sur lequel est écrit : ÆGLE, OPERA DE M. DE LA GARDE, 1752. De G. »
dessin daté 1752. (H. 27 c., L. 22 c.)

2. Le neveu et la nièce de Gabriel de Saint-Aubin. « Un garçonnet et une
« fillette représentés tous deux debout de profil, à mi-corps et tournés à
« gauche. Le garçonnet a sur la tête une casquette au bord relevé sur le
« front en forme de tricorne, la fillette touche de la mandoline.
« Le dessin (H. 18 c., L. 13 c.) est au crayon noir lavé d'encre de Chine.
« Au bas est écrit de la main de Gabriel : *G... de S Aubin et Rose de S
« Aubin, dessinés par leur oncle Gabriel. De G.* »

3. Portrait d'Aug. de St-Aubin, vu de dos, assis sur un fauteuil et peignant.
Dessin au crayon noir.

4. Portrait du Comte d'Artois.
« Le comte d'Artois, représenté avec sa jolie figure de Galaor, prenant
« la main de son enfant tout nu, que lui présente sa femme.
« Dessin à la pierre d'Italie, (H. 16 c.. L. 11 c.), au bas duquel on lit :
« *Pour le duc d'Angoulême, né le 6 août* 1775. »

5. Allégorie en l'honneur de Marie-Thérèse d'Autriche. A un des côtés
d'une pyramide surmontée d'un sablier et portée sur un socle sur lequel
on lit : *Filiæ, uxori, Matri-que Cæsarum,* un amour accroche le portrait de
la reine. Aux côtés et aux pieds de la pyramide, Junon, Minerve et Vénus.
Le Temps et la Renommée volent dans les Airs.

---

(1) *Avant-coureur,* N° du lundi 29 avril 1771.
.... J'ai vu entre les mains de M. de Saint-Aubin, peintre d'histoire, de l'or
liquide préparé par M. Thomé, chimiste, demeurant à Paris, vis-à-vis l'école chrétienne.
On peut s'en servir comme de l'encre et le brunir ensuite. Ce secret était très-connu
sous François Ier, comme on peut le voir par le portrait de ce prince fait en miniature
par *Nicolo dell' Abate,* que l'on conserve dans le Cabinet des estampes du Roi.

Dessin très-achevé à la pierre d'Italie avec rehauts de plume, de sépia et d'encre de Chine. (H. 21 c., L. 13 c.). Dans un cadre tracé à la plume en haut du dessin : *Intention Ire du dessin donné à la Reine le 25 Mars 1781.* Dans le bas à G. : *Invenit F. Nogaret*, à droite : *Delineavit G. de St-Aubin.* Et tout à fait dans le bas au-dessous d'un petit cartouche représentant un chêne mort et un jeune chêne : *Galliarum Reginæ pietati Félix Nogaret Massiliensis et Andegavensis Academ. Socius, O.D.C. anno 1781.*

6. Portrait de Mme Nicolaï. De profil à g., la tête couverte d'un chapeau haut avec rubans et dentelles, la poitrine et les bras nus ; elle paraît regarder plusieurs tableaux de forme ovale surmontés d'armoiries. Fin dessin au crayon noir. (H. 19 c., L. 12 c.). En haut : *Mme F. Nicolaï r. Culture Ste-Catherine. 1778. G.D.S.A.*

7. Portrait de Soufflot. Il est assis de profil à g. Dans le fond une partie de l'Église Ste-Geneviève. Dessin à la pierre d'Italie avec rehauts de bistre. (H. 19 c., L. 15 c.). Daté 22 Décembre 1776.

8. Portrait de femme vue de profil, la tête couverte d'un bonnet de lingerie. Dessin ovale très-fini au crayon, au bistre à la sanguine; signé *G. d. S. A.* 1770.

9. Baptême du Dauphin? Important dessin à la sanguine (H. 30 c., L. 24 c.) représentant la Cérémonie dans l'intérieur d'une église.

10. G. de Saint-Aubin portraiturant l'Évêque de Chartres. L'artiste, masqué par un paravent, dessine des personnages assis autour d'une table où est servi un dîner. Dessin à la plume et à la mine de plomb, et lavé d'encre de Chine (H. 23 c., L. 18 c.). Il est signé *Gabriel de St-Aubin fecit 1768*, et on lit au bas : *M. l'Evéque de Chartres n'avoit jamais voulu consentir qu'on le peignit. M. le Comte de Maillebois me donna la facilité de faire ce portrait au travers d'un paravent pendant qu'il dinoît avec ce prélat.* Provient de la collection Monmerqué.

11. *Le Comte d'Estaing blessé à Savanah est présenté au Roy le 29 décembre 1779 par M. de Sartines.* Le Roi se lève de son fauteuil pour recevoir le Cte d'Estaing qui s'avance appuyé sur une canne. Dessin à la pierre d'Italie. (H. 13 c., L. 18 c.).

12. *Le Chevalier Bossu fait mettre en pièces l'idole Manitou.* Dessin à la pierre noire rehaussé de craie. Signé : *G. de St-Aubin fec.* daté 1776 et 1779. Au bas quatre vers manuscrits. A été gravé pour les *Nouveaux Voyages dans l'Amérique septentrionale* par le Chevalier Bossu.

13. La France accueille la princesse de Savoie. Dans un char aux panneaux ornés des armes de la Maison de Savoie, traîné par 4 chevaux conduits par des amours, est assise une princesse qui tend les mains vers la France, debout et couverte d'un manteau d'hermine. Fin et spirituel dessin au crayon noir. (H. 10 c., L. 17 c.). Signé : *G. de St-Aubin fecit décembre* 1768.

14. Mort de Wolf? Croquis au crayon noir dans lequel certaines parties accessoires à droite et à gauche sont seules indiquées à la plume. Signé : *G. de St-Aubin.* Au bas de la main de l'artiste un vers du *Poëme de Fontenoy* de Voltaire.

15. Mort de Montcalm? L'officier blessé étendu sur un gabion soutenu par plusieurs personnes, continue à donner des ordres. Dessin très fin à la plume lavé d'encre de Chine. (H. 8 c., L. 13 c.). Signé : *G. de St-Aubin f.* 1779.

16. Dans un superbe palais à colonnades, une femme présente un crâne à un roi entouré de toute sa cour. Charmant dessin aux crayons de toutes

couleurs, le trait à la pierre d'Italie. (H. 18 c., L. 12 c.). Au bas : *Perfectionné par G. de St-Aubin. Sur un tableau en bois,* 1778.

17. *Vitellius est conduit au supplice.* Dessin à la sanguine et à la pierre d'Italie. (H. 20 c., L. 15 c.). Signé : *G. D. S. A.* A été gravé dans l'*Abrégé de l'histoire romaine* de l'abbé Millot.

18. Arrestation de Cartouche ? Le voleur est entre les mains de plusieurs gardes à pied et à cheval. Dessin au crayon noir. (H. 23 c., L. 17 c.).

19. *Les filles du monde sont rasées et envoyés* (sic) *à l'hopital.* On coupe les cheveux à une fille, tandis que deux autres, à genoux, supplient un commissaire assisté de son greffier. Dans le fond le tombereau qui doit emmener les filles. Dessin au crayon noir. (H. 18 c., L. 13 c.). Signé : G. S. Collections Perignon et Hertzog.

20. Dans une salle de café à travers les vitres duquel on aperçoit l'église Saint-Sulpice, deux joueurs de dés entourés de spectateurs. L'un des joueurs se lamente sur la perte de son argent. Dessin à la pierre d'Italie, avec salissures de sépia, de craie, etc. (H. 19 c., L. 13 c.).

21. Deux gardes françaises tirant l'épée dont l'un , touché à la poitrine, est prêt à tomber; dans le fond, la garde qui arrive. Dessin à la pierre d'Italie. (H. 14 c., L. 23 c.). Signé : *G. de S. A.*

22. Portrait de Mme de Honancourt. Elle est assise de trois quarts à droite, les mains dans un manchon. Sur la même feuille 3 portraits de jeunes filles en buste. Dessin au crayon noir. (H. 16 c., L. 20 c.). Au bas assez peu lisible : *Mme Honancourt. St-Cyr-Versailles. G. St-A.*

23. Portrait de jeune fille vue de profil à droite. Coquettement coiffée, elle est vue en buste, les seins découverts. Sur la même feuille, une jeune fille dessinant vue de dos, représentée dans 3 positions différentes. Très-beau dessin largement traité à la pierre d'Italie. (H. 17 c., L. 22 c.).

24. Feuille de croquis sur laquelle on voit d'abord Gabriel de St-Aubin, malade, assis dans un fauteuil, buvant un verre de tisane. Il sourit à une jeune femme assise devant lui, avec bonnet de dentelles et mante jetée sur les épaules. Sous la chaise, ces mots à la plume : *Pour l'opérateur Barri.* Dans le haut de la feuille une dizaine de tableaux minuscules, croqués par l'artiste *à la Compagnie des Indes le* 28 *septembre* 1776 et *à la salle de la loterie* 16 *décembre à* 11 *heures.* Au-dessous de ce dessin une vue de l'hôtel de Montesson, une Vénus accroupie, statue contre laquelle est assis un suisse avec sa hallebarde, un escalier avec riches balustres, etc., sur lequel on lit : *Escalier du concert donné aux Tuilleries.* Le dessin est en partie au crayon noir, à la pierre d'Italie à l'aquarelle, notamment sur le bonnet et la robe de la coquette petite femme, sur les tableaux, etc. (H. 20 c., L. 15). Signé à rebours : *G. d. S. A.* 1776. Au-dessous on lit : *Chès M. Tellier. L'Avocat Charvai ? me doit* 48 s. *en* 1777, etc.

25. Feuille de croquis. En haut d'un escalier rustique formé de 4 marches de pierre, 3 fillettes près d'un rouet dévident un écheveau. Très-joli dessin à la pierre d'Italie, à la plume et au crayon noir. (H. 19 c., L. 15 c.). Signé : *G. d. S. A.,* 1775).

26. Vue du jardin des Tuileries. Près d'une statue des enfants jouent, l'un ramasse une lettre, pendant qu'un jeune homme et une jeune fille examinent la statue. Dessin à la pierre d'Italie, lavé et relevé de plume. (H. 21 c., L. 16 c.). Signé sur le socle de la statue : *G. d. S. A.,* 1774.

27. *La Nayade de M. Houdon.* Femme nue, épanchant l'eau d'une urne dans une vasque soutenue par un piédestal ornementé. Cette fontaine est vue sous deux aspects différents. Sur une partie de la feuille restée blanche,

croquis de femme lisant, le livre porté sur ses genoux. Dessin à la pierre
d'Italie, très-habilement crayonné. (H. 20 c., L. 14 c.). Dans le haut......
Roi, 20 août 1777. Dans le bas : *La Nayade de M. Houdon.*

28. Dans un jardin, un jeune homme fait une déclaration d'amour à une
jeune fille qui tient un vase de fleurs dans ses mains. Spirituel croquis à la
pierre d'Italie. (H. 18 c., L. 13 c.). Au bas au crayon : *Pour Mlle de la
Gabelle ? le 19 juillet.*

29. *Vue du Caffé de la Régence.* Au premier plan un homme (J.-J. Rousseau ?)
assis lisant, dans le fond des joueurs. Ce dessin, de forme ovale, est dans
une sorte d'entablement dont la partie inférieure contient une femme nue
étendue près d'un blason surmonté d'une couronne. Le dessin , d'un ton
roussâtre, est lavé à l'aquarelle sur trait de plume, avec rehauts de sépia et
de pierre d'Italie (H. 19 c. L. 16 c.). Nombreuses lignes d'écritures difficiles
à déchiffrer.

30. *La Fille.* Croquis pour la Fable de La Fontaine (Livre VII, fable 5). La
fille et le « malotru » sont assis sur un riche canapé. Dessin à la plume et
au crayon noir. (H. 13 c. L. 21 c.). Au v° un amour, croquis au crayon noir.

31. *Les Boulevards.* Dans le fond, défilé de voitures de toutes espèces. Au
premier plan, des groupes d'hommes et de femmes assis et marchant.
Croquis à la plume lavé de sépia et d'encre de Chine (H. 15 c. L. 19 c.)

32. *Ouverture des Fées rivalles.* Un fond de théâtre où sous un dais est un
Roi assis sur un trône. Autour de lui, sur des nuages, plusieurs fées avec
d'immenses robes à paniers. Croquis à la plume très-poussé avec lavis
d'encre de Chine. (H. 20 c. L. 13 c.). Au v° de ce dessin 3 croquis, le
premier, à l'encre de Chine, représente 3 hommes écrivant, le deuxième ,
au crayon noir, un groupe d'Amours dans un cadre orné , le troisième, à la
plume lavé d'encre de Chine, un concert d'amateurs. On lit au-dessous de
ce dernier : *Amadis réunis le mardi 6 novembre* 1759.

33. « Représentation d'une salle de théâtre avec la vue de la scène et un coin
« des balcons et des loges à gauche. La scène vide est remplie par un buffet
« d'orgue. Au premier plan sont assis des spectateurs au milieu desquels un
« abbé, reconnaissable à son petit manteau flottant , appelle l'attention de
« son voisin sur quelque chose se passant sur la scène et qu'il désigne de sa
« main levée en l'air.
    « Le dessin (H. 21 c., L. 15 c.), à la pierre d'Italie, porte, au crayon, dans
« le plafond, de la main du dessinateur, après un mot illisible : 1778. Au dos
« de ce dessin est un profil à la pierre d'Italie de la grandeur des médaillons
« de Cochin, représentant légèrement indiqué le portrait de Diderot.

34. Portrait de jeune fille de face et de profil. Au-dessous une rue avec un
personnage déclamant. En légende : *Ile des fous,* 1761. Dessin à la sépia.

35. Deux portraits de jeunes femmes appuyées sur le rebord d'une loge. Croquis
au crayon noir.

36. Scène de Tartuffe. Croquis à la plume avec cette légende : *Tartufe
présente un mouchoir à Finette* (sic) *pour qu'elle se couvre le sein.*

37. Académie de dessin. Dessin de quelques centimètres carrés sur lequel se
trouvent représentés 10 personnages, une chambre garnie de tableaux, etc.
Plume et encre de Chine.

38. Un magistrat agenouillé écrivant des vers sur un mur ; il tient de sa main
gauche un cahier sur lequel on lit : *Evangille.* Les inscriptions sur le mur
sont assez difficiles à déchiffrer. Voici le premier vers : *Grand Dieu tes
présents sont remplis d'équité.* Croquis à la plume.

39. Réunion de six têtes d'hommes, de femmes, d'enfants, au milieu desquels se trouve une femme qui allaite son enfant.

    « Le dessin (H. 10 c., L. 14 c.), exécuté à la pierre d'Italie, avec des « parties reprises à l'aquarelle, et où les frais roses, les doux incarnats « gouachés du petit maître se mêlent et se confondent avec des roux et des « verdâtres harmonieux, a malheureusement la tête de la mère nourrice et « d'une autre femme coupée au milieu de la figure. De G. »

    Au v° de ce croquis qui a la grâce et l'aspect d'un dessin de Watteau, un groupe de femmes dans un parc ; très-curieuse aquarelle.

40. *Le Baquet de Mesmer.* Autour d'une cuve circulaire sont réunies une trentaine de personnes, hommes, femmes et enfants. Croquis à la plume rehaussé de sanguine. (H. 18 c., L. 12 c.). Au v° un homme debout vu de dos, dessin à la sanguine.

41. Jeune femme assise près d'une fenêtre. Croquis à la pierre d'Italie.

42–43. Bacchus monté sur un âne, dessins à la plume signés et datés 1779.

44. Amours avec arcs tendus sur des nuages, dessin au crayon noir. Projet de plafond.

45. *L'Académie particulière.* Un peintre dessinant d'après un modèle de femme ; elle est toute nue, couchée sur un canapé.

    « M. Destailleur possède un délicieux petit dessin de « l'académie parti- « culière » avec des changements. La femme couchée toute nue sur le divan « a la tête retournée du côté du mur, tandis qu'accoudé au bras d'un « fauteuil, l'artiste assis à terre dessine sur un carton. Dans un coin, une « toile attend sur un chevalet et sur la cheminée repose la palette du « peintre, et par une fenêtre s'aperçoit la figure d'un indiscret qui jette un « regard sur l'académie. C'est, sur une hauteur de 9 cent., sur une largeur « de 11 cent., un dessin de la grandeur d'une carte de visite, un dessin « aquarellé sur un fin et délicat travail de crayonnage noir, d'un faire plus « terminé, plus caressé, plus petit même que ses dessins habituels et où « l'on voit s'enlever, comme de la nuance jaune d'un ivoire, le doux rose « miniaturé du corps de la femme et le joli ton bleu de ciel du divan, sur « lequel s'allonge son corps. On lit en bas d'une écriture très effacée : « *G. de St Aubin f.* 1776. De G. »

    A été gravé à l'eau-forte par l'artiste lui-même.

46. *Adresse de Perier marchand Quincailler.* Dessin original d'une des plus gracieuses eaux-fortes du maître. Ce dessin à la plume, lavé d'encre de Chine et de sépia, est très-fini et très-soigné. (H. 12 c., L. 18 c.). On lit sur le côté du comptoir les initiales *G. D. S. A.*

47. *Allégorie en l'honneur de Voltaire.* Devant un monument dont le fronton est en ruines, une femme nue laisse échapper d'une urne de l'eau dans une vasque en coquille. Sur le fragment de fronton, on perçoit la tête de Voltaire que saisit la Mort ; au-dessus on lit : *obiit* 30 *mars* 1778. A gauche de la Naiade qui rappelle celle de Houdon (N° 27), une femme debout grave sur la pierre ces mots : *Son esprit est partout, mais son cœur n'est qu'icy.* Magnifique aquarelle multicolore, la femme avec des tons de chair superbes, la vasque et le fond lavés d'aquarelle dans des tons chatoyants rouges, bleus et verdâtres. (H. 20 c., L. 13 c.). Partout le dessin des inscriptions diverses, en général illisibles. Dans le bas ces vers :

> *Auteur plein de magnificence,*
> *Par des écrits brillants et doux,*
> *En dépit de tous les jaloux,*
> *Il fût l'honneur de la France.*

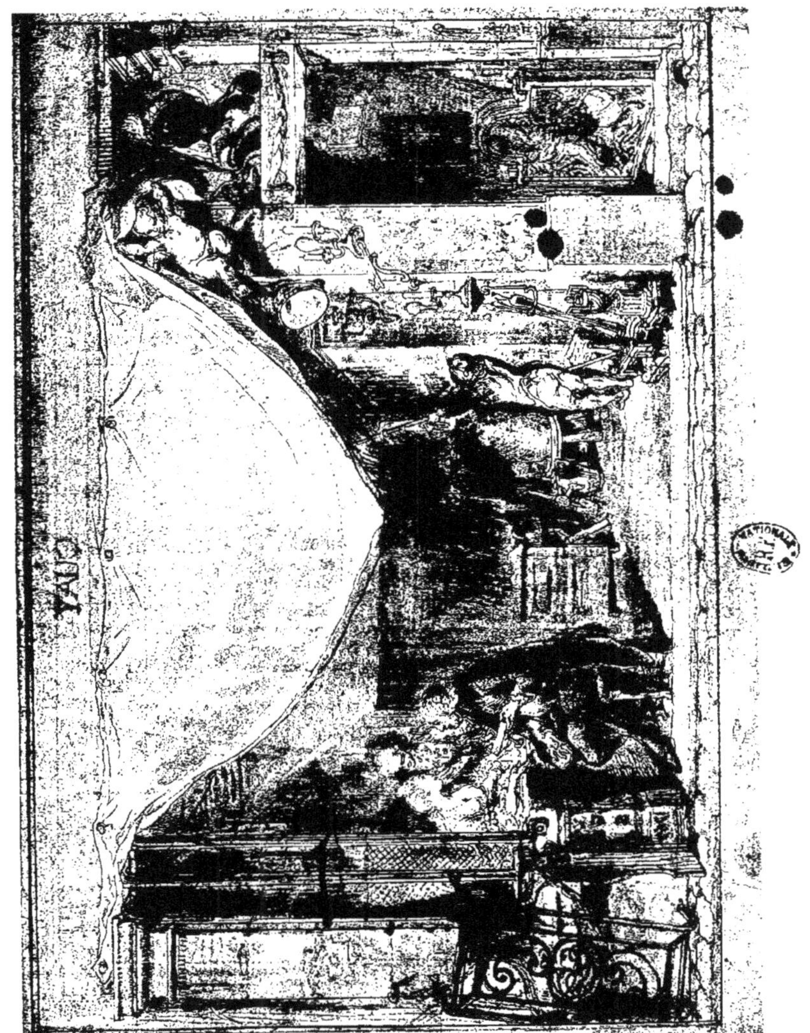

48. *Entrée du Museum des Statues antiques.* Dessin au crayon noir rehaussé d'aquarelle. (H. 14 c., L. 10 c.).

49. « Un Amphithéâtre, au milieu duquel on voit un professeur en robe devant
« une table. Sur les bancs et les marches d'escaliers qui l'entourent, sont
« couchés et allongés des étudiants qui écoutent et prennent des notes.
« Dans le haut du dessin est la modification quatre fois répétée d'une tour
« ressemblant à une des tours de Saint-Sulpice.
    « Le dessin (H. 20 c., L. 12 c.) est à la pierre d'Italie, un peu lavé de
« bistre, avec le contour des figures de premier plan à la plume. Il n'est
« pas signé, mais contient quatre lignes de l'écriture de Gabriel sur la
« prise de la Jamaïque. De G. »

50. « Représentation d'une salle de théâtre dont on voit le plafond rond, la
« scène surmontée des armes de France, soutenues par deux génies. Sur la
« scène, deux personnes semblent s'embrasser. Dans le parterre est un
« garde-française en faction, des gens sont appuyés debout contre la
« balustrade.
    « Le dessin (H. 20 c., L. 13 c.) est lavé d'un peu de couleur jaune dans le
« haut et a quelques touches de sanguine frottée dans le bas. Au dos sont
« tracés plus de cent vers ou plutôt cent petites lignes illisibles écrites au
« crayon noir, à la sanguine, à la plume, dans lesquelles Gabriel se plaint
« de l'affluence du monde aux représentations de son temps. Voici quatre
« de ces lignes :

       « *Vingt flots accumulés d'étourdis méprisables*
       « *Poussent le spectateur, le submerge et l'accable* (sic)
       « *Voici ce que Voltaire écrivit*
       « *Quand ce pareil usage aigrissait son esprit.*   De G. »

51. *Ruines de l'Hôtel-Dieu après l'incendie de 1772.* Des ouvriers enlèvent dans des tombereaux les matériaux d'une grande galerie dont le toit est effondré. On aperçoit dans le lointain les tours de Notre-Dame. Vigoureuse aquarelle d'un aspect de gouache, aux tons roux et verts (H. 16 c. L. 24 c.). Signée *G. D. S. A.* 1773.

52. *Fête nautique.* La nuit devant un superbe palais, dans un immense bassin, une fête nautique. A droite et à gauche du palais une colonnade brillamment illuminée. Dans les colonnes, autour du bassin une foule innombrable. Dans le ciel sur un nuage la Nuit sur son char. Magnifique aquarelle relevée de gouache, du plus bel aspect. (H. 17 c. L. 23 c.).

53. « Exposition de tableaux de l'académie de Saint-Luc, en 1776, l'exposition
« où Gabriel envoyait au Colisée dans le *Salon des Grâces* « le Carnaval du
« Parnasse ». Une salle toute remplie de tableaux et où une foule se presse
« entre deux hallebardiers fièrement campés.
    « Petit dessin précieusement lavé à l'aquarelle (H. 9 c. L. 15 c.) On lit au
« bas de l'écriture de Gabriel : *Vue du Salon de tableaux au Colisée en*
« 1776. (De G) ».

54. Course de chevaux. Un jockey passe à toute vitesse devant une ligne de spectateurs et de spectatrices. Dans le haut un portrait d'homme et quelques lignes où on ne distingue guère que les mots *Champs-Élysées.* Dessin au crayon noir relevé d'aquarelle (H. 12 c. L. 17 c.). Signé *G. A.* 1750.

55. Dans une immense salle de jeu de paume, avec balcons garnis de spectateurs, deux individus se livrent à un assaut d'armes. Croquis à la plume.

56. Vue de l'Église de Sceaux. Croquis au crayon noir légèrement lavé à la sépia. (H. 16 c. L. 13 c.) daté *Sceaux,* 1778.

57. Vue d'une cour de ferme avec puits rustique. Croquis au crayon noir.

58. Jardin bordé d'un immense mur avec balustrade. Pierre d'Italie et aquarelle. Sur le mur on lit : *brique, balustres de terre-cuite moulés*, 1779. Dans le haut un croquis au crayon (H. 19 c. L. 13 c.).

59. Vue d'un château auquel on accède par un perron. Jardin devant le château. Composition animée de plusieurs personnages. Aquarelle avec rehauts de sépia, de crayon, etc. (H. 19 c. L. 13 c.). Sur la caisse d'un arbuste : *G. D. S. A. 1779, 22 may.*

60. *Le Pont Neuf en* 1773. « Représentation de la petite montée d'une douzaine « de marches qui existait en face de la rue Dauphine, et au milieu de « laquelle il y avait une rampe de fer double à la hauteur de la main. A « droite, la perspective des demi-lunes qui ne sont pas encore bâties, « coupée par la statue de Henri IV. A gauche, perspective des deux maisons « aux deux côtés de la place Dauphine. Des gens assis sur les marches et « sur le rebord du trottoir.
    « Le croquis, à la pierre d'Italie, porte la date de 1773. De G. ».

61. *Le Pont Neuf et la Samaritaine.* La Seine avec ses bateaux et ses quais ; dans le fond le Louvre et la Colonnade. Croquis au crayon noir. Au v° 2 portraits, Cte et C^sse d'Artois ? dessin au crayon noir.

62. Vue du jardin du Palais-Royal avec un grand arbre penché. Dessin à la pierre d'Italie au bas duquel on lit : *Vue du jardin du Palais Roayl, pris dans l'angle à côté du café de Foy en 1779 ; un coup de vent avoit presque déraciné un arbre tel qu'on le voit ici.* (H. 18 c. L. 13 c.).

63. Bal d'Auteuil. La tente entourée de barrières est élevée sous de grands arbres. Dans le fond l'église du Village. Dessin au crayon noir. (H. 17 c. L. 12 c.).

64. Vues de Paris. Dessin à deux compartiments. Dans celui du haut la vue de la maison de M. le Comte de Pont St-Maurice, croquis au crayon noir. On lit au-dessous : *Maison ou folie batie par M. Le Doux pour Mme de Thélusson qui est morte en 1781 sans l'avoir vu finir.* Dans le 2ᵉ compartiment : Vue du Louvre, dessin au crayon noir rehaussé d'aquarelle. (H. 20 c. L. 13 c.). Signé : *G. D. S. A., 3 avril* 1779.

65. Vues de Paris. Dessin à deux compartiments, représentant sous deux aspects différents la Nouvelle église Ste-Geneviève en construction ; dessins à la pierre d'Italie lavés d'aquarelle, avec rehauts de plume et de sépia. (H. 20 c. L. 13 c.). Signé : *G. D. S. A.,* 1778.

66. « Une petite porte dans un mur que surmonte une terrasse entoilée de « linge et au-dessus duquel on voit, dans la verdure de grands arbres, des « toits d'habitations rustiques. Devant la porte un carrosse attelé de deux « chevaux blancs, où, sur le siège, est couché le cocher dans la paresse « d'une longue attente, et sous la lumière d'un réverbère éclairant des « silhouettes de femmes qui prennent l'air dans la rue en folâtrant. Sur « l'un des bâtiments est écrit, de la main du dessinateur : *Casino gracioso.* « C'est, sans aucun doute, dans la banlieue de Paris quelque *hôtel du* « *Roule* du temps.
    « Ce dessin (H. 19 c. L. 13 c.) est lavé d'aquarelle sur un crayonnage à « la pierre d'Italie. De G. ».

67. Devant une porte cochère d'hôtel monumental que surmontent de grands arbres est élevé un monument funèbre, qu'une femme couvre de guirlandes. Deux femmes dont l'une tient un enfant à la main et un autre sur le bras se dirigent vers ce monument. Dessin à la pierre d'Italie lavé d'aquarelle. (H. 16 c. L. 13 c.). En bas on lit : *Chaillot, 12 juillet* 1779.

68. Les Célestins à Paris. LA CHAPELLE D'ORLÉANS. « On voit dans ce dessin,

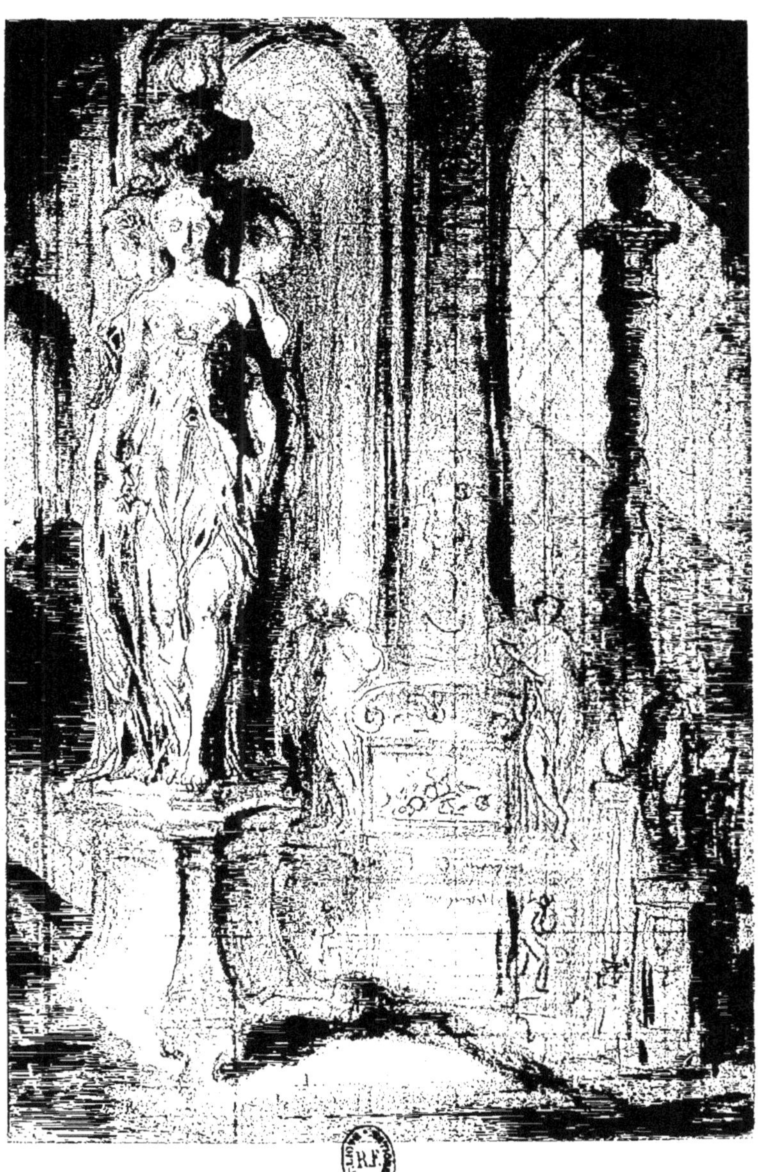

N° 112

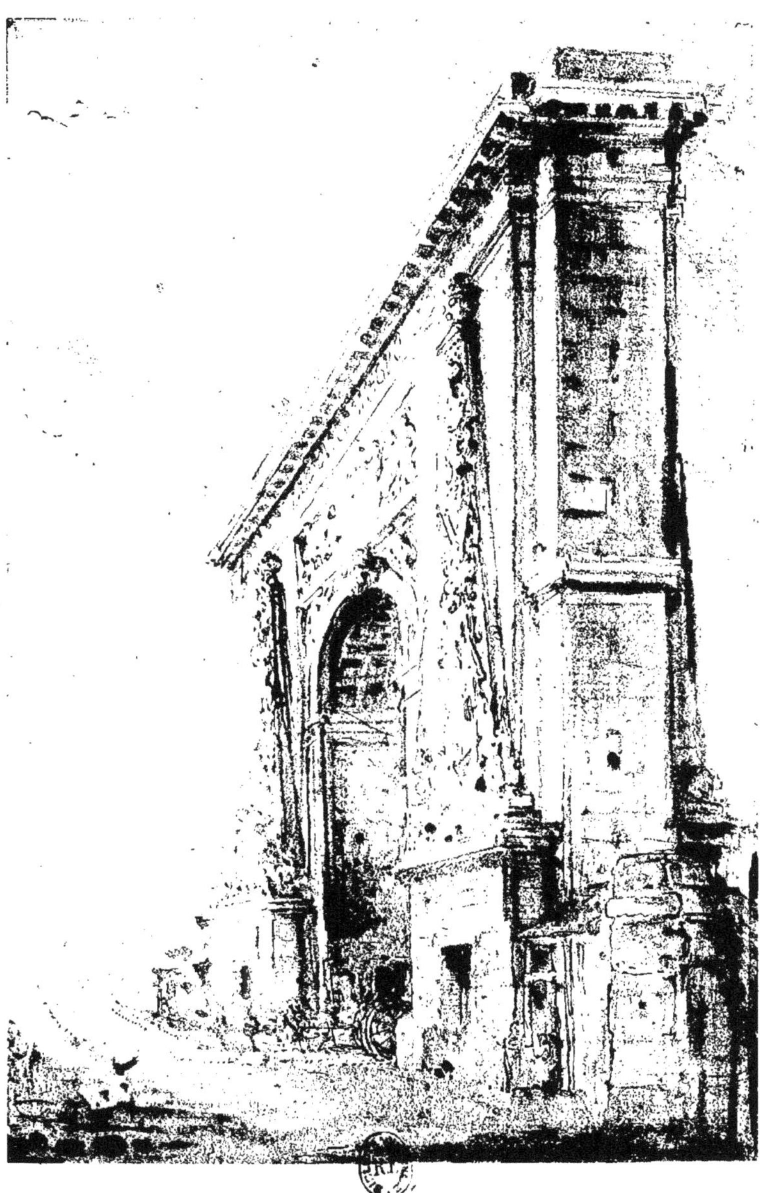

Nº 112

« du plus haut intérêt historique, les **Trois Grâces** de Germain Pilon avec
« le vase qui n'existe plus, la pyramide de Longueville, le monument
« d'Anne de Montmorency, dessinés avec la rigueur de vérité et l'art
« qu'apporte Gabriel de Saint-Aubin à la reproduction des belles choses
« du passé.
« Ce dessin (H. 19 c. L. 13 c.) est au crayon noir, lavé d'eaux jaunâtres.
« Signé : *G. D. S. A. De G.* ».

69. Vue de la Porte Saint-Denis du côté des faubourgs.

70. Vue de la Porte Saint-Denis du côté des boulevards.
Deux dessins au crayon noir lavés de teinte neutre et spirituellement
relevés et piqués de coups de plume. (H. 20 c. L. 13 c.).
Au v° du 2° dessin, différents croquis représentant une femme jouant de
l'éventail, 5 statues en galerie, le tombeau de Clovis à Ste-Geneviève et les
musiciens d'un orchestre. Croquis datés 2 *novembre* 1778.

71. Inauguration de la fontaine de la rue de Grenelle. A droite un orchestre,
violon et contre basse, de l'autre côté le vin coule à flots de plusieurs
barriques, le peuple s'écrase pour le recueillir. Dessin à la pierre d'Italie
rehaussé d'aquarelle et d'encre de Chine. (H. 20 c. L. 13 c.).

72. Cartouche aux armes de Pologne surmonté d'une tête de satyre ; dans
l'angle de gauche du haut un trône royal surmonté d'un dais, au-dessous un
gentilhomme à collerette. Crayon et sépia ; quelques annotations manuscrites et la date 27 *mars* 1779. (H. 20 c. L. 13 c.).
Au v°, Colonnade antique en ruine. Aquarelle et pierre d'Italie.

73. *Vue de la grande chambre du Parlement.* « Dans la lumière des grandes
« fenêtres illuminant toute la pièce, à droite une rangée de magistrats en
« robes rouges. Au premier plan, une foule parmi laquelle se pressent de
« gracieuses femmes. En haut, une allégorie de figures volantes. Dans la
« marge, de petits croquetons à la plume donnent des détails de la scène
« représentée.
« Vigoureuse aquarelle (H. 20 c. L. 16 c.) gribouillée de la plus artis-
« tique manière. Signée : *G. S. A.* et datée 1776. De G. ».

74. Passerelle dans un chantier à Passy. Dans le lointain, le dôme des Inva-
lides. Dessin au crayon noir avec lavis d'encre de Chine (H. 20 c. L. 13 c.)

75. Un chemin dans le bois de Belleville. Dessin à la pierre d'Italie avec lavis
d'encre de Chine ; l'artiste s'est représenté au premier plan (H. 18 c. L. 13 c.)
On lit au bas : *G. de St-Aubin f.* 1778 *a belle ville.*

76. Entrée du Roi dans le château de Versailles. Le carrosse attelé à quatre
chevaux est à la porte de la grille. Nombreux personnages. Plume rehaussée
de sépia. En haut un croquis au crayon d'une scène de théâtre. (H. 20 c.
L. 13 c.). Signé *Versailles*, 79. *G. A.*
Au verso plusieurs croquis au crayon et à la plume, femme vue de dos,
femme assise, aigle de lutrin, statues.

77. Feuille de croquis. En haut l'entrée du Palais-Bourbon, croquée le 4 sept.
1770 à 8 heures du soir. Au-dessous, divers fragments de frises et un groupe
de 3 femmes. Dessin au crayon noir. (H. 20 c. L. 13 c.). Signé *G. de St-A.*
1770.

78. *Collège royal de pharmacie réédifié en* 1778. Dans un laboratoire rempli
de vases, de cornues, etc., un professeur fait son cours assisté de plusieurs
aides. Au premier plan, vus de dos de nombreux auditeurs, hommes et
femmes, assis ou debout. Vigoureuse aquarelle sur pierre d'Italie. (H. 20 c.
L. 13 c.). *G. de St-Aubin f.* 1779. Au bas 2 lignes, illisibles.
Au verso croquis de plusieurs tableaux.

79. Marchande de pommes. Dessin à l'encre de Chine, signé *G. d. S.* 1761.

80. Fête publique. A d. un bal avec nombreux orchestre à *g.* une distribution de vin. Spirituel croquis à la plume, relevé d'encre de Chine (**H. 13 c. L. 14 c.**)

Au verso portail de l'église de l'Assomption, dessin au crayon noir, avec diverses annotations manuscrites.

81. Sur le quai du Louvre, la grande grue qui servait au débarquement des marchandises. Dessin à la pierre d'Italie. (H. 10 c. L. 13 c.). Sur un ballot : *G. d. S. A.* au bas *G. St-A.* 1775. *Vue de la pompe à St-Nicolas.*

82. Maison en construction, avec maçons sur les échafaudages et nombreux curieux et promeneurs au milieu des pierres de taille et autres matériaux encombrant la voie publique. Dessin à la sanguine (H. 23 c. L. 29 c.) Signé *G. de St-Aubin,* 1771.

83-84. Deux feuilles de croquis de tableaux pris pendant une exposition publique. 44 tableaux sont ainsi représentés. Dessins au crayon noir. (H. 18 c. L. 12 c.)

85. La main chaude. Croquis très-spirituellement exécuté à la plume dans un encadrement contourné. (H. 10 c. L. 16 c.)

86. Les dieux païens, Jupiter, Odin, Wishnou, etc. Croquis au crayon dans des encadrements à la plume. Au bas ces deux vers :

Des peuples réunis l'unanime croyance
Du Dieu de l'Univers atteste l'existence.

87. La Grange de Longchamps. « Un petit bouquet d'arbres et une construction
« rustique, devant laquelle est assise sur une chaise une femme, les épaules
« couvertes d'un mantelet, les deux mains dans son manchon.
« Le croquis (H. 17 c., L. 10 c.) est à la pierre d'Italie et relevé de plume,
« avec cette indication, de la main de Gabriel : *Grange de Longchamps.*
« De G. »

88. Jeune femme à sa fenêtre. Croquis au crayon noir.

89-90. 12 statues de personnages mythologiques, Acis, Poliphème, Galathée, etc., sur 2 feuilles, croquis à la sépia signés *G. d. S.* (H. 18 c., L. 12 c.)

91. Statue de femme, dessin au crayon noir.

92. Jeune femme écrivant au milieu de moutons qui paissent. Le dessin de forme ovale est dans un cadre carré avec supports rustiques. Croquis à la pierre noir relevé de bistre à l'aquarelle, le cadre fait seulement au bistre. (H. 19 c., L. 15 c.

93. Vue de l'île St-Denis et du jardin de M. de la Ferté, croquis au crayon noir.

94. Trois amours jouant aux dames. Composition ovale pour dessus de porte. Dessin au crayon noir. (H. 12 c., L. 17 c.), signé *G. S.*

95. Scène d'opéra. Dessin à la plume rehaussé d'aquarelle.

96. Scènes de la rue. Dessin à la plume lavé de sépia.

97. Fronton de temple. Dessin à la sépia.

Dessins d'*Augustin de Saint-Aubin.*

98. Portrait de St-Aubin par lui-même. Dessin ovale au crayon noir.

99. Portrait de Marie-Françoise de St-Aubin (fille de Germain), femme Donnebecq, très-beau dessin de forme ovale aux crayons de couleur.

100. Portrait de M. de Nivernais, dessin-ovale aux crayons de couleur. Signé : *Aug. de St-Aubin delin.,* 1796.

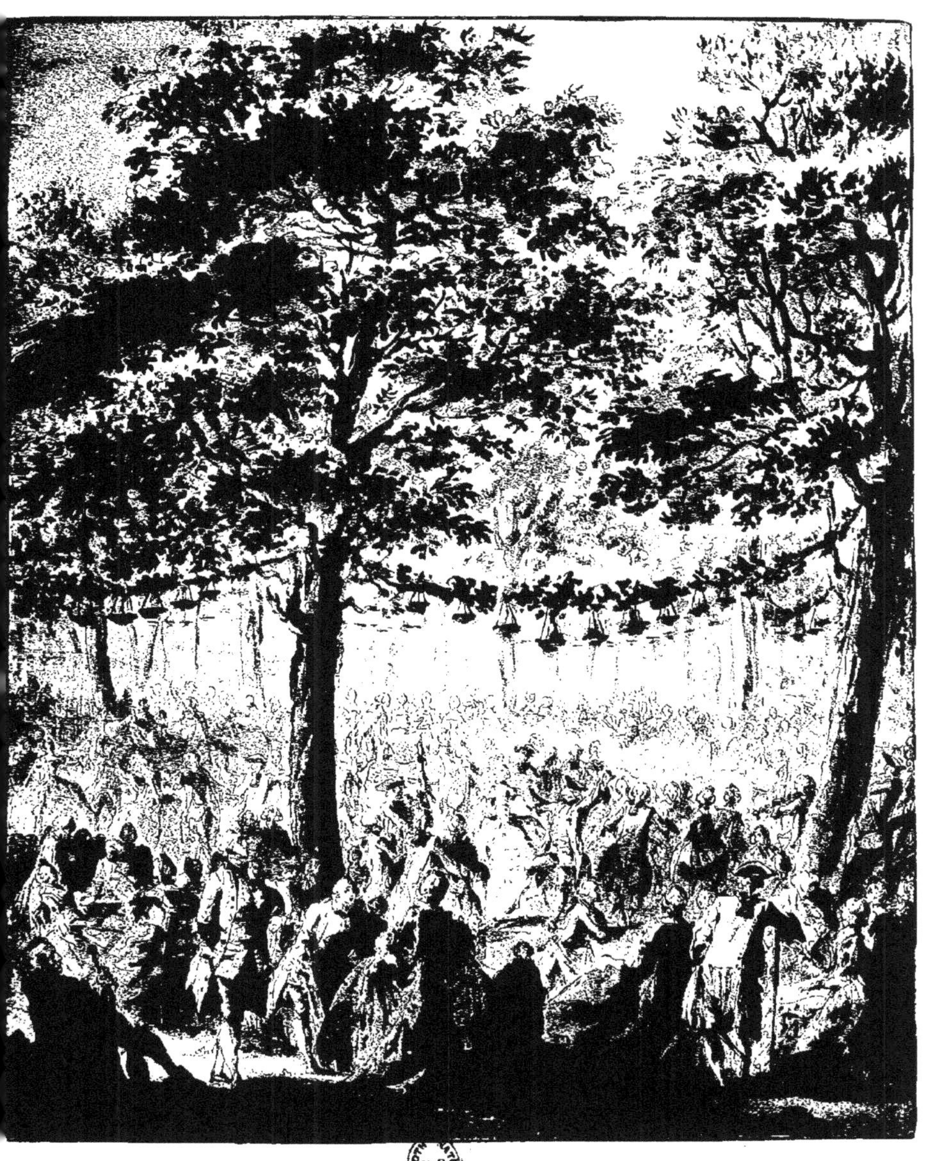

101-103. 3 portraits d'hommes au crayon noir et aux crayons de couleur.

104. Portrait de femme de profil à gauche dans un encadrement ovale porté par un nœud de rubans. Dessin au crayon noir. Signé : *Aug. St-Aubin del.*

105. Portrait de femme vue de face, les cheveux poudrés. Un ruban autour du cou, des fleurs au corsage. Précieux dessin aux crayons de couleur sur vélin. De la collection Jean Gigoux.

106-109. 4 portraits de femme debout en buste, au crayon, à la plume et à la sépia.

110. Portrait de Bernard Chereau, mort de la poitrine, âgé de 18 ans, en 1764, grand dessin au crayon noir.

111. Commissionnaire savoyard. Dessin au crayon noir. A été gravé dans la série : *Mes gens.*

112. Mme de St-Aubin allaitant sa fille, croquis au crayon noir au v° d'une lettre adressée à l'artiste.

113-114. *Bal de St-Cloud chez Griel.* Deux dessins représentent ce bal champêtre, rendez-vous célèbre au XVIII⁰ siècle. Dans le premier, les groupes sont formés, chacun danse, boit ou papillonne ; dans le second, assis, debout ou montés sur des chaises, tous les danseurs regardent un superbe feu d'artifice tiré sous les arbres. Ces deux dessins exécutés à la plume, avec des rehauts de bistre, de sépia et d'encre de Chine sont deux merveilles, et il est surprenant qu'ils n'aient pas été reproduits par la gravure au siècle dernier. (H. 22 c.. L. 17 c.). Au bas : *Aug. de St-Aubin invenit,* 1759.

115. Les maquerelles punies. Deux femmes montées à revers sur des ânes sont promenées dans les rues de Paris. Dessin à la plume rehaussé de sépia

116. Le Jardin du Luxembourg avec de nombreux promeneurs. Très-spirituel croquis à la plume. (H. 14 c., L. 28 c.).

Ces dessins ont été fixés dans une ancienne reliure en maroquin.

Catalogues illustrés par Gabriel de Saint-Aubin.

113. CATALOGUE des tableaux originaux de bons maîtres des écoles d'Italie, des Pays-Bas et de France qui composent le cabinet d'un Artiste. Cette vente se fera le lundi 13 décembre 1773. *Paris, Musier,* 1773, in-8, mar. rouge, dos orné, double rangée de fil., *non rogné. (Petit.)*

Orné sur les marges de 177 croquis de *Gabriel de Saint-Aubin.*

Où Gabriel de Saint-Aubin pouvait le plus satisfaire sa passion du dessin, c'était dans les expositions ou les ventes de tableaux et d'objets d'art. Dans ces dernières, il couvrait littéralement les marges des catalogues de dessins représentant tableaux, statues, objets d'art, croquetons enlevés pendant les quelques instants que l'objet était livré aux enchères.

« Ces croquis tiennent du miracle ; cette phrase peut seule exprimer ce
« miraculeux talent qui, dans cela, que vous prenez tout d'abord pour des pattes
« de mouches, vous y fait découvrir des académies d'hommes et de femmes,
« dessinées anatomiquement dans l'effet de lumière d'un grand tableau. Il y a des
« paysages dont la perspective se déroule dans un frottement au pouce d'un peu

« de pierre noire ; il y a des charges de cavalerie dont la furie est rendue sur le
« papier qui boit, par quelques traits de plume, guère plus visibles que ce que
« garde d'une lettre encore fraîche le papier brouillard d'un buvard. Ici une
« tache savante rend la nuit d'une peinture de Rembrandt ; là de petites mytho-
« logies, au milieu du rien de blanc réservé dans la salissure du papier, nagent
« dans une gloire à la Boucher. Il est de ces petits croquetons, ainsi que
« l'« Accordée de village » d'après Greuze, ainsi que le « Tombeau de Monseigneur
« le Dauphin », qui, repris après coup à la maison, lavés de bistre, d'encre de
« Chine, d'eau blanchie de gouache et retravaillés de plume, sont des chefs-
« d'œuvre, de vrais chefs-d'œuvre. De G. »

114. CATALOGUE d'une très-belle collection de tableaux de
maîtres très-renommés des différentes écoles rassemblés par
un artiste (Lebrun peintre). Cette vente se fera les 20, 22 et
23 décembre 1773. *Paris, P. Remy*, 1773, in-8, mar. rouge,
dos orné, double rangée de fil., *non rogné*. (*Petit.*)

Orné sur les marges de 115 croquis par *Gabriel de Saint-Aubin*.

115. CATALOGUE de tableaux originaux des bons maîtres des trois
écoles, figures et bustes de marbre et de bronze, qui
composent le cabinet de M. L. C. de D. (le comte Dubarry).
Cette vente se fera le lundi 21 novembre 1774. *Paris,
P. Remy*, 1774, in-8, mar. rouge, dos orné, double rangée
de fil., *non rogné*. (*Petit.*)

Précieux exemplaire orné sur les marges de 163 croquis par *Gabriel de Saint-
Aubin*, tableaux, meubles, objets d'art. Sur le f. de garde un dessin représente
l'intérieur de l'appartement du Vicomte Du Barry, époux de Mlle de Tournon.

116. CATALOGUE d'une belle Collection de tableaux, desseins,
estampes, livres d'estampes et livres du cabinet de M*** (de
Lion), dont la vente se fera le mercredi 4 Janvier 1775. Par
F. C. Joullain fils. *Paris, Joullain*, 1774, in-8, mar. rouge,
dos orné, double rangée de fil., *non rogné*. (*Petit.*)

Orné sur les marges d'environ 200 croquis par *Gabriel de Saint-Aubin*.

117. CATALOGUE de tableaux de bons maîtres ; tels que Philippe
Wouwermans, Ruysdael, Vandenveld, Teniers, Vander-
Weerf, Linguelbac, etc. dont la vente se fera le Lundi
30 Janvier 1775. *Paris, Solier*, 1775, in-8, mar. rouge, dos
orné, double rangée de fil., *non rogné*. (*Petit.*)

Orné sur les marges de 59 croquis par *Gabriel de Saint-Aubin*.

118. CATALOGUE de tableaux originaux des grands maîtres des
trois écoles, qui ornoient un des Palais de feu Son Altesse

Monseigneur Christient, duc des Deux-Ponts, par Pierre Remy. Cette vente se fera le 6 avril 1778. *Paris, Vve Musier*, 1778, in-8, mar. rouge, dos orné, double rangée de fil, *non rogné. (Petit.)*

Orné sur les marges de 84 croquis de *Gabriel de Saint-Aubin.*

119. CATALOGUE d'une Collection de dessins choisis des maîtres célèbres des écoles italienne, flamande et françoise, de feu M. d'Argenville, par Pierre Remy. *Paris, Vve Musier*, 1778, in-8, mar. rouge, dos orné, double rangée de fil., *non rogné. (Petit.)*

Orné sur les marges de 134 croquis de *Gabriel de Saint-Aubin*, y compris un portrait de M. d'Argenville.

120. CATALOGUE de tableaux, estampes, figures et grouppes de bronze, etc., du cabinet de M. le Président de Lyert, seigneur d'Andilly, par Pierre Remy. Cette vente se fera le vendredi 5 mars 1779. *Paris, Vve Musier*, 1779, in-8, mar. rouge, dos orné, double rangée de fil., *non rogné. (Petit.)*

Orné sur les marges de 40 croquis de *Gabriel de Saint-Aubin.*

121. CATALOGUE de tableaux des trois écoles, pastels, gouaches, miniatures, dessins à l'aquarelle, etc., qui composent le cabinet de M. de P*** (Peters, peintre), par les sieurs Remy et Basan. La vente se fera le 9 mars 1779. *Paris, Muzier, Remy et Basan*, 1779, in-8, mar. rouge, dos orné, double rangée de fil., *non rogné. (Petit.)*

Orné sur les marges de 96 croquis de *Gabriel de Saint-Aubin*; un des dessins signé, de la grandeur de la page, a été exécuté sur un feuillet séparé.

122. CATALOGUE d'une belle collection de tableaux des trois écoles ; bronzes, marbres, porcelaines anciennes, beaux meubles de Boule, Feux et bras de bronze doré, qui composent le Cabinet de M. l'Abbé le Blanc, historiographe des bâtiments du Roi, dont la vente se fera le mercredi 14 février 1781, par J. B. P. Le Brun. *Paris, Le Brun*, 1781, in-8, mar. rouge, fil.

Le même volume contient : *Catalogue raisonné d'une très-belle collection de tableaux... pastels miniatures... provenant du cabinet de M*** (LE BŒUF).* Paris, Le Brun, 1783, in-8, (avec supplément et les ff. de distribution). — *Catalogue d'une belle collection de tableaux des trois écoles, dessins, estampes, miniatures,* *etc., dont la vente se fera le lundi* 11 *décembre* 1780. Paris, Le Brun, 1780, in-8 (avec la f. de distribution).

Ces 3 catalogues sont ornés sur les marges et hors de texte de 71 croquis au crayon et à la plume, par *Gabriel de Saint-Aubin*, représentant tableaux, vases, bronzes et autres objets mis en vente. En tête du premier catalogue, le portrait de l'abbé Le Blanc, dessin au crayon noir de *Joullain*.

Prix de vente, noms des acquéreurs et observations écrites sur les marges.

De la bibliothèque de M. Benjamin FILLON.

123. CATALOGUE d'une belle collection de dessins italiens, flamands, hollandois et françois, ainsi que de plusieurs tableaux, estampes, volumes d'antiquités et autres, le tout rassemblé avec soins et dépenses par M. Neyman, Amateur à Amsterdam, dont la vente se fera à Paris, vers la fin du mois de juin 1776 par F. Basan. *Paris, Basan et Prault,* 1776, in-8, dos orné, double rangée de fil, *non rogné. (Petit.)*

Ce catalogue est illustré d'un frontispice par *Choffard* et de 14 figures gravées à l'eau-forte par *Weisbrood*.

Précieux exemplaire orné sur les marges et au vᵉ des figures de 80 croquis au crayon, à la plume et à la sanguine, attribués à *Augustin de Saint-Aubin*. Prix manuscrits.

---

124. RECUEIL DE PLANTES copiées d'après nature par De Saint-Aubin, dessinateur du Roy Louis XV. 1736-1785, in-fol., veau brun. tr. rouge. (*Rel. anc.*).

Précieux recueil de 250 dessins de plantes exécutés à l'aquarelle par *Charles-Germain de Saint-Aubin*.

Ce recueil est précédé d'un titre en lettres d'or sur VÉLIN, compris dans une large guirlande de fleurs et de feuillages, peinte à l'aquarelle et d'un superbe portrait de Germain de Saint-Aubin à l'âge de 46 ans, dessiné aux crayons de couleur par son frère *Augustin de Saint-Aubin*, en 1767.

« Ce sont dessinées et coloriées, mais d'une palette un peu sale et noirâtre, « Jonquilles, Barbeaux, Scabieuses, Renoncules, Œil de Christ, Crins de Vénus, « etc., etc. A la tige d'un jasmin s'attache, à moitié enroulé, le trompe-l'œil d'une « petite estampe en couleur représentant le château de Choisy ; à la tige d'une « giroflée est suspendue le trompe-l'œil d'un papier de musique sur lequel est « écrit : *Essay de musique et de paroles dédiées à Mlle de P... en lui rendant* « *un miroir de poche.* Sur une feuille de chou de mer, s'étalent deux figurations « d'une scalata, avec au-dessous cette note : *La scalata, ce qui augmente la* « *rareté de cette coquille qui ne se trouve que dans l'Inde, est que les princesses* « *du Mogol la conservent parmi leurs bijoux les plus précieux : l'original de* « *celle-ci a coûté seize cent onze livres à Mme la présidente de Bandeville,* 1757. « Au milieu des fleurs entremêlées de quelques études d'oiseaux se trouve une « petite frise de fleurettes, au bas de laquelle est jeté : *Un des quarante mille* « *dessins de broderie de Charles-Germain de Saint-Aubin.* (De G.) ».

Parmi ces fleurs (p. 68) est un bouquet de belles-de-jour au bas duquel on lit : *Madame la Marquise de Pompadour a travaillé à ce bouquet en* 1757. Et cette mention est complétée à la fin du volume par la note suivante ; « *Madame de* « *Pompadour aimoit beaucoup M. de St-Aubin. Elle fit venir exprès pour lui* « *une boîte de couleurs de la Chine et lui fit souvent cadeau de jolis meubles et* « *porcelaines du Japon. Comme elle avoit dessiné et gravé, elle se plaisoit dans* « *la fréquentation des artistes. Il paroit qu'elle alloit même chez lui, puisqu'une* « *note de lui, page 68 de ce volume, témoigne qu'elle a travaillé au bouquet qui* « *est peint. M. de Saint-Aubin étoit un bel homme, aimable, spirituel, malin et* « *très caustique, très satirique, très galant pour les dames et qui n'étoit déplacé* « *dans aucune société. Il étoit reçu chez beaucoup de grands personnages de* « *son temps. On voit page 110 que Madame Clotilde de France le charge de lui* « *faire un dessin encadrant un portefeuille destiné pour le Roi dans lequel* « *devoient être plusieurs traits de l'Histoire de France choisis et écrits de sa* « *main.*

A la fin du volume est ajoutée une suite de 6 pièces gravées à l'eau-forte par *Germain de St-Aubin*, y compris le titre suivant : *Les Fleurettes de Saint-Aubin dessinateur du Roy*. Sur les 2 pages précédentes 3 ex-libris du même Saint-Aubin, 2 gravés par lui, le 3ᵉ par *Choffard*.

Ce qui achève de rendre ce volume intéressant ce sont les notes biographiques et anecdotiques qui l'accompagnent.

On y trouve : 1º une *Histoire de Ch.-Germain de St-Aubin* en partie écrite par lui-même que nous reproduisons en note à la fin du Catalogue (Note 2)

2º La *Généalogie des Saint-Aubin* par un membre de la famille ; nous la donnons également (Note 1).

3º Une *Notice sur Gabriel de Saint-Aubin* (Note 3).

4º L'histoire de ce *Recueil de Plantes* : « A la mort de son auteur *Ce livre* « est passé en mars 1786 à sa fille aînée Marie-Françoise de Saint-Aubin madame « Dounebecq, qui l'a possédé jusqu'à son décès arrivé à Fontainebleau, le 27 « décembre 1822. Par son testament cette Dame l'a légué à Pierre-Antoine Tardieu « graveur, mari de sa nièce Eugénie-Isabelle de Bonnaire. Les dates écrites par « l'auteur au bas de ces dessins commencent à 1736 et finissent à 1785. Cinq de « ces plantes, pages 140, 149, 156, 215, 257, paraissent aux botanistes être des « plantes inventées par le dessinateur ce qui pourroit bien être, car son caractère « étoit gai, spirituel, mais moqueur, satyrique et goguenard, et il est très- « croyable qu'il se sera fait un jeu de peindre quelques fleurs d'invention pour « exercer après lui la sagacité des savans à qui ce livre pourroit tomber sous la « main.

« M. Gérardin, médecin, m'a emprunté (à moi Pierre-Antoine Tardieu) ce « livre le 26 février 1824 pour le montrer à M. Lareveillère-Lepeaux, ancien « membre de l'Assemblée Constituante, de la Convention nationale et du Direc- « toire, grand amateur de botanique et l'engager à mettre les noms à plusieurs de « ces plantes qui n'en avaient pas. Le dernier mois de sa vie il s'est occupé à « mettre à chaque dessin soit des notes sur un papier volant soit sur quelques-uns, « sur le papier même. Les premières ont été recopiées dessus, et les secondes « soulignées en rouge. Il est mort le 28 mars 1824 à Paris, âgé de soixante-dix « ans. Il étoit lié d'amitié avec plusieurs Professeurs du Jardin des Plantes et « notamment avec les Messieurs Thouin, et lorsqu'il est tombé malade ce livre « étoit au Jardin des Plantes où plusieurs personnes l'ont chargé de notes. « Lareveillère-Lepeaux avait voté la mort de Louis XVI.

5º A la fin, parmi des notes diverses ces quelques lignes de *Germain* sur ce *Recueil* : « J'ay pendant quarante ans travaillé a ce volume comme on en peut « juger par les dattes de chaque bouquet, seulement a mes momens de loisir et de « descœuvrement et quant j'ay eu la nature sous la main. Quoy que ces études ne « vallent pas grand chose, je n'ay guerres passé de momens plus tranquiles et « plus délicieux que ceux que j'ay donné a ce petit ouvrage, et au mémoire sur la

« Broderie, qu'a adopté l'Académie des Sciences. Les quarante mille autres
« dessins qui ont fait mon occupation, après avoir guidé les brodeurs, fabricants
« d'étoffes ou de dentelles sont rentrés au néant, ou j'iray bientôt. Tel est le sort
« de tous les objets qui fixent un instant notre attention ».

125. LIVRE DE CARICATURES tant bonnes que mauvaises.
S. l. n. d., in-4, mar. vert, bandes d'entrelacs et milieux
dorés, tr. dor. (*Rel. du commencement du siècle*).

« De Charles Germain, j'ai eu entre les mains un autre album d'un genre
« tout différent (que le *Recueil de plantes*). Il porte pour titre : LIVRE DE
« CARICATURES *tant bonnes que mauvaises* dans un frontispice à l'aquarelle formé
« d'un encadrement de fleurs fantastiques, au bas duquel est jetée une marotte
« sur deux vessies enguirlandées de grelots. Au verso du frontispice, se dresse
« une pyramide où est gravé : *Il eut pourtant une réputation*, et sous la
« pyramide l'on voit parmi des instruments de musique, et au-dessous d'un
« panonceau de la Mère folle, des armoiries, les armoiries parlantes de l'auteur,
« où figure une seringue. Ce livre, d'après une note, était désigné dans la famille
« sous le titre : *le Livre des culs.*

« C'est, dans cet album, une succession de 387 pages de croquis érotiques,
« fantastiques, satiriques, lavés d'une aquarelle assez triste et faits d'une
« manière un peu enfantine, mais qui sont une petite histoire caricaturale des
« choses du temps.

« La première page représente une sorte de danseur d'Opéra masqué, tenant
« un verre d'une main, une tête de mort de l'autre. *Dessein à la jolie Mlle B...
« qui me le dona, à condition que je lui ferais des vers gaillards. Le lendemain
« je la trouvai seule dans notre jardin et je la mis comme on le verra à la
« page* 274. Et à la page 274, se montre sous un bosquet de verdure, une fillette
« renversée et troussée, avec dans le cartouche du bas: *vulvam non habebat.*

« Et suivent des marchands et des marchandes de *p'tisane*, des Indiens de
« fantaisie, des charges de l'Histoire sainte, des séries de mandarins aux détails
« du costume assez exact, des « Mardy gras conduisant les andouilles farfelues
« en guerre contre Panurge » et des « Careme-prenant allant tristement à tous
« les diables », un pagne formé de soles et de limandes à la ceinture, des paladins
« grotesques « des ancêtres des Montmorency et des Condé » à l'homme et au
« cheval feuillés de métal, des bonshommes qui s'appellent : *Froid au cul et Mal
« au ventre*, et nombre d'hommes et de femmes le derrière à l'air.

« Parfois un dessin sérieux. C'est une galère élégante dessinée dans tous ses
« détails, dessin sous lequel Charles-Germain a écrit : *Bateau de M. Deleuze
« dans lequel nous sommes allés à Choisy en* 1765. C'est un déshabillé de femme
« portant la date de 1754. C'est un dessein très-précieusement fait d'une tabatière
« d'or émaillée, au bas de laquelle est cette note : *Le sire de Saint-Albin donna
« cette boite et 25 louis à Mlle Deschamps et il n'en eut...* que le pied de nez
« figuré sur une autre page de l'album. C'est la représentation de la jardinière
« au navet qui fit fureur un moment et cette mention : *Tels sont les navets que
« Dulac, le parfumeur vend 15 francs en* 1754 ; *on les vendait deux sols huit jours
« après, ce fut une mode* (1).

---

(1) Au milieu des dessins de Charles-Germain, deux jolis crayonnages d'Augustin
de Saint-Aubin. Un profil de petite fille en bonnet de linge et en collier de fourrure,
portant écrit en bas : *Agathe St-Aubin à l'âge de 12 ans, 1752, par Augustin de Saint-
Aubin.* Et une autre profil d'une toute petite fille, avec cette mention au bas : *Manon
St-Aubin en 1756, à l'âge de trois ans* (Mme *Donnebecq*).

« Mais voici la lanterne magique drolatique des célébrités, des popularités,
« des notoriétés du temps.

« Ici Louis XV est représenté faisant la cuisine à la Muette, là d'Argenson
« délivrant des lettres de cachet contre le Parlement. On voit plus loin le comte
« de Clermont partant pour la guerre, une impure mitrée au bras, une gaule sur
« l'épaule d'où pendent volailles et lièvres, et traînant un haquet sur lequel est
« une pièce de vin. Et, plus loin encore, Richelieu est figuré en singe, et chaus-
« sant de grandes bottes d'où sortent des tiges de laurier, au moment où il se
« prépare à sa campagne du Hanovre.

« Là est un âne devant la porte d'un somptueux hôtel avec un écriteau
« portant: *Ouvre à ton maître: c'est le prince de Soubise, berné, trompé et battu*
« *par le grand Fréderic.*

« Et suivent deux caricatures contre le cardinal de Bernis, et l'alliance avec
« Stahremberg. Dans l'une, le cardinal, un masque de théâtre à la main, est
« emmailloté et ficelé dans de la pourpre.

« Maintenant, c'est le tour des gens de lettres, des artistes, des savants, des
« filles du monde même. La Deschamps à la tabatière de tout à l'heure, vous la
« voyez dans cette caricature un mantelet au dos sur son corps sans chemise, du
« fard aux joues, et dans une nudité vêtue seulement de bas et de jarretières. Au-
« dessous est écrit : *Casseuse de porcelaine chez le fermier général de Vilm...*
« *ou la Deschamps, fameuse courtisane,* 1761. Et vous tombez sur Voltaire s'en
« allant aux Délices, en brandissant au-dessus de sa tête la Pucelle, monté sur
« un âne apocalyptique qui est Fréron. L'album tympanise Duclos à propos de
« son livre « d'Acajou et de Zirphile » écrit sur les dessins de Boucher, et
« l'album se moque encore de l'antiquaire Caylus, avec la prétendue représen-
« tation d'un vase de bronze « qui a servi de pot de chambre à Sémiramis. Du
« reste, Charles-Germain est dur aux antiquaires et aux antiquailles. Sur une
« autre page il donne « le vase conservé aux bénédictins depuis l'an 1107 et
« rempli de beurre frais du temps », et il se permet de faire la charge des
« marbres d'Arundel conservés à Oxford. Puis viennent Marmontel en espèce de
« Polichinelle dramatique, tenant un poignard d'une main, un balai de l'autre ;
« le chevalier de la Morlière en costume moyen âge et brandissant un grand
« sabre ridicule ; le musicien Rameau à la maigreur et à la longueur risibles d'un
« être sans fin ; le médecin Tronchin, figuré sur un piédestal en porteur d'eau,
« chargé de sceaux, sur lesquels il y a écrit : *Buvés de l'eau, buvés de l'eau ;*
« enfin le découpeur aux ciseaux, Huber, se voit caricaturé dans l'imitation d'une
« découpure, etc., etc.

« Le frère même de l'auteur, Gabriel-Germain de Saint-Aubin, n'est pas
« épargné par le génie satirique de Germain, qui fait son portrait dans un cadre
« soutenu par un singe agitant au-dessus du portrait un moulin à vent et une
« tête de la Folie, avec au-dessous des nuages peuplés de rats, qui rongent le bas
« du cadre.

« Mais la personne la plus maltraitée de l'album, — et ce n'est guère expli-
« cable avec les relations qu'on prête à Charles-Germain de Saint-Aubin avec
« la favorite, — c'est sans contredit la Pompadour. La voici tout d'abord à
« l'exposition du Salon de 1755, en son pastel de La Tour, examinée par un
« satyre qui, le style dans les dents, s'apprête à écrire de méchantes notes sur
« son livret ; et la voilà en bergère dansant sous la feuillée, une houlette dans
« une main, une crosse d'évêque dans l'autre, et en dernier lieu, c'est encore
« elle, toute nue, et faisant bidet, et entourée de robes noires et de bonnets
« carrés prosternés à ses pieds : « *Ne blâmons personne, ils ont sans doute de*
« *bonnes raisons. Les jésuites aux pieds de Mme de Pompadour.* De Goncourt,
« *Art du dix-huitième siècle.* »

Sur la garde du volume de la main de Germain de Saint-Aubin : « En 1740 je trouvay ce volume sur les quais, avec quelques figures dessinées sans intention, mes amis y firent des légendes et m'engagèrent à continuer ce melange de folies qui ne sont pas assez bonnes pour être montrées à des gens raisonnables. Il y a heureusement encore des crânes vuides. » L'avant-dernier f. porte au vᵒ un superbe portrait de Germain de St-Aubin exécuté aux crayons par son frère *Augustin.* »

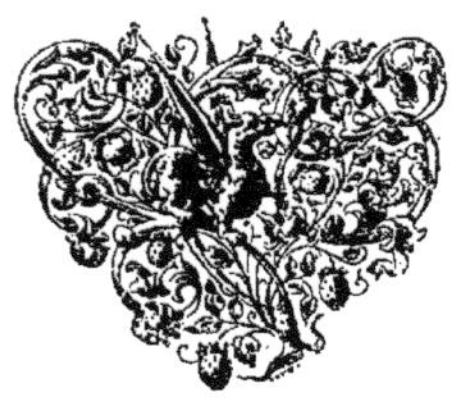

NOTE 1

Généalogie des Saint-Aubin.

« François-Germain de Saint-Aubin était en 1601 un pauvre petit fermier
« établi au village de Berneux, près Beauvais. Il eut pour femme Tiennette Blan-
« chard. Ils eurent assez de peine à se tirer d'affaire. Ils moururent l'un et l'autre
« en 1630 et laissèrent un seul fils.

« Louis-Germain de Saint-Aubin, aussi laboureur, épousa en 1631 Françoise
« Piat. Il usa comme son père beaucoup de sabots, mettait le dimanche la poule
« dans le pot et portait un habit de pinchinat, rapiécé au coude. Il mourut à
« Berneux en 1688 et laissa :

« Germain de Saint-Aubin, né en 1657. Il n'eut point de goût pour la charrue,
« vint à Paris, fort jeune, apprit la broderie, épousa en première noce en 1689
« Anne Boissay, fille d'un Boissay, brodeur à Chartres, entra brodeur et concierge
« chez la duchesse de Lesdiguières, en 1692, perdit sa femme en 1704, se remaria
« en 1705 à Marthe Rivet dont il n'eut point d'enfants. Ils sont morts en 1734. Il
« eut trop de conscience et de lenteur pour laisser beaucoup de fortune. Il portait
« toute l'année habit de draps à boutons d'or. Il laissa du premier lit trois
« enfants.

« 1° Marthe de Saint-Aubin, née en 1690, mariée à Charles Aublan, marchand
« éventailliste, en 1720. Ils ont mal réussi, et elle est morte en 1735 et laisse
« trois enfants;

« 2° Gabriel-Germain de Saint-Aubin, né en 1696, marié par inclination à
« Jeanne-Catherine Imbert de Nogent. Il mourut brodeur du Roi en 1756, sa
« femme est morte six mois après. Il portait habit noir de drap l'hiver et de
« camelot l'été, fut beaucoup plus folâtre à cinquante ans qu'à quarante, se
« donna beaucoup de peine, et ne laissa absolument rien à sept enfants restés
« de quinze ;

« 3° Pierre de Saint-Aubin, né en 1700, marié en 1726 à Louise-Catherine de
« Saulsoy, se fit marchand mercier. Avec un fond de connaissance, il vécut pour
« lui seul, fort retiré, fort pieux. Simple dans sa dépense, il portait dix ans le
« même habit. Sans ambition, il se retira du commerce en 1766 avec une minime
« fortune. Il eut trois enfants morts en bas-âge. Il mourut le 20 novembre 1775,
« et par son testament laissa à ses neveux tout juste, trop juste de quoi porter
« son deuil, et à Catherine-Louise de Saint-Aubin, sa nièce, ce qui restera au
« décès de sa femme, (morte le 15 juin 1783).

« Les sept enfants de Gabriel-Germain de Saint-Aubin sont :

« 1° Charles-Germain de Saint-Aubin, né le 17 janvier 1721. Marié par incli-
« nation en 1751 à Françoise Trouvé, morte en couches en 1759. Il prend le titre
« de Dessinateur du Roi, travaille beaucoup et, trop économe, amasse quelque
« chose à ses enfants dont le ministère lui fait perdre la moitié. Mort le 6 mars 1786;

« 2° Gabriel-Jacques de Saint-Aubin, né le 14 avril 1724. Suit la peinture. Plein
« de connaissances et d'érudition, reste en chemin de son talent, quoiqu'il
« dessine en tout temps et en tout lieu. Singulier, farouche et malpropre, heu-
« reusement il reste garçon. Il meurt en 1780 chez son frère aîné où on l'avait
« transporté quelques jours auparavant. Il laisse beaucoup d'esquisses en mauvais
« état ;

« 3° Catherine-Louise de Saint-Aubin, née le 5 avril 1727. Sans passions et
« d'un excellent caractère ; elle reste fille. Pierre de Saint-Aubin, son oncle, la
« fait sa légataire universelle. Elle meurt à Fontainebleau le 8 janvier 1805 ;

« 4° Louis-Michel de Saint-Aubin, né le 20 mars 1731, marié en 1758, presque
« malgré lui, à Marie-Anne Leclerc. Bon mari, peu intelligent, il se borne à
« peindre des porcelaines à la manufacture royale de Sèvres. Il a trois enfants
« et meurt à Versailles le 24 décembre 1779, chez sa fille, aimable et bonne
« musicienne, mariée à Richard, architecte, dont elle a deux enfants ;

« 5° Athanase de Saint-Aubin, né le 20 mars 1734, fait l'apprentissage de
« mercerie, court les magasins, puis en 1764 prend le brillant parti d'aller jouer
« la comédie sur les théâtres de province. Ce n'est pas un aigle. Il meurt à Pont-
« Audemer le 27 mai 1783 et laisse pour 4,000 francs d'effets. Il avait une très
« jolie voix et chantait fort bien ;

« 6° Augustin de Saint-Aubin, né le 3 juin 1736. Se marie par inclination en
« 1764 à Louise-Nicole Godeau. Suit le dessin et la gravure, a du succès. Est
« reçu de l'Académie royale en 1775 et graveur du Roi et de sa bibliothèque en
« 1777. A le caractère doux, liant et fort aimable. Il a cinq enfants qui meurent
« en bas-âge. Il est mort le 9 novembre 1807 d'une maladie longue et pénible ;

« 7° Agathe de Saint-Aubin, née le 12 décembre 1739. Timide et contrefaite,
« elle est morte le 26 août 1764 »

« Je n'ai pas cru devoir inscrire ici les huit autres enfans de Gabriel Germain
« de Saint-Aubin, morts en bas-âge et qui eussent sans doute fait de grandes
« choses.

« Les enfants de Charles-Germain de Saint-Aubin sont :

« 1° Le 21 décembre 1751, une fille nommée Françoise Geneviève, morte le
« 17 septembre suivant.

« 2° Le 19 août 1753, une fille nommée Marie-Françoise, Parrain M. de Saint-
« Aubin son grand-père, Maraine Madame Trouvé, sa grand-mère. Elle est bonne,
« douce et sans passions. Mariée en 1773 à Jacques-Roch Donnebecq, Plumassier
« du Roi. Ils réussissent fort bien, leur bonheur fait le mien. — La Révolution les
« ruine. Ils se séparent de biens en 1793, le mari quitte sa femme pour vivre seul.
« Le bonheur n'est pas durable. Donnebecq meurt à Fontainebleau, le 18 juillet
« 1798 et sa femme le 27 décembre 1822, âgée de 69 ans, 4 mois et 8 jours.

« 3° Le 28 septembre 1755, une fille nommée Catherine Noëlle (surnommée Rose)
« Maraine Madame de Saint-Aubin, sa grand-mère, Parrain M. Noel Trouvé, son
« grand-père. Mariée en 1780 à Pierre-Adrien Parisy, notaire à Fontainebleau. Il
« est infirme, exigeant, prend toutes sortes d'engagemens, et me désole, il meurt
« le 15 novembre 1781. (Elle est morte, Mme Debonnaire, le 2 mars 1813 à 9 heures
« du soir), âgée de 57 ans, 5 mois, 4 jours.

« 4° Le 21 mars 1756, une fille nommée Adelaïde-Jeanne, morte la même
« année.

« 5° Le jeudi 20 avril 1758, un fils nommé Germain-Augustin. Parrain
« Augustin de Saint-Aubin, son oncle. Marraine Mlle Trouvé. Il suit avec cons-
« tance le notariat. Puis, en 1785, se fait huissier priseur. Épouse Alexandrine-
« Jeanne Dallemagne. Elle accouche de son premier enfant en mai 1786, il ne vit
« point. Une fille le 1er novembre 1788, morte en 1790. Ils divorcent en 1793,
« après une malheureuse affaire qui donne bien du chagrin à toute la famille.

« Abandonné, dépouillé, trahi par son épouse, il se relève. Devient inspecteur,
« contrôleur, chef du Bureau civil à Grenoble, secrétaire de M. Dubouchage,
« Préfet des Alpes. Revient à Paris au bout de vingt ans. Trouve ses persé-
« cuteurs morts, et y vit comme il peut en attendant son tour. Le samedi 3 sept.
« 1825, il est tombé en apoplexie et paralysie à 5 heures du soir. Il est mort le
« samedi suivant, 10 septembre 1825, à huit heures du matin. Alexandrine-Jeanne
« Dallemagne est décédée femme Chazerai le 26 février 1816.

« 6° Le 29 août 1759, un garçon mort après quinze heures de martyre pour la
« mère et pour l'enfant. C'était un monstre qui n'avait ni jambes ni bras. Qua-
« torze jours après la mère est morte tout doucement et sans s'en douter, malgré
« les soins et le secours de la plus vive affection, le 12 septembre 1759.

« Les enfans de Mme Donnebecq sont :

« 1° Le 19 février 1774, un garçon nommé Charles-Jacques, mort à quatre
« mois.

« 2° Le 20 mai 1777, une fille nommée Marie. Parrain M. Hervy, Maraine
« Madame Trouvé son aïeule. Elle est morte le 25 mars 1780.

« Les enfans de Mme Parisy (et de Mme Debonnaire) sont :

« 1° Le 15 janvier 1781, un garçon nommé Charles-Adrien Parisy. J'en ai été
« le parrain avec Mme Parisy mère. Il est mort le 15 mars suivant, Dieu merci.

« 2° Le 26 octobre 1787, un garçon nommé Claude-Jacques-Gabriel de
« Bonnaire. Parrain M. Donnebecq, Maraine Mme Trouvé, son aïeule, rue Serpente,
« paroisse St-Severin. Mort le 14 avril 1864, à 76 ans.

« 3° Le 26 avril 1789, une fille nommée Adèle de Bonnaire, morte en 1791.
« (Adelaïde-Louise-Constance).

« 4° Le 27 thermidor an 2, 15 août 1794, à sept heures du matin, une fille
« nommée Eugénie-Isabelle de Bonnaire, rue Serpente, Section de Marat, aupa-
« ravant du Théâtre français. Mariée le 12 mai 1818 à Pierre-Antoine Tardieu,
« graveur.

« Les enfans de Louis-Michel de Saint-Aubin sont :

« 1° Le 11 août 1759, une fille nommée Marie-Louise, qui fut actrice en 1774.
« Jolie, très-bonne musicienne et cantatrice distinguée. Elle quitta le théâtre en
« 1776, par les ordres de Mme de Provence, épouse de Monsieur depuis
« Louis XVIII, qui lui donna en dot une pension de cent louis. En 1777, elle
« épousa Claude-Alexandre-Richard, architecte, bel homme qui avait de la fortune
« et une belle clientelle, mais qui perdit tout son avoir par défaut d'ordre et
« d'arrangement. Lors de la Révolution, elle éleva un Pensionnat à Auxerre.
« Elle prospéra et par son travail éleva ses enfans et paya les dettes de son
« mari. On lui signala comme une affaire avantageuse la cession qu'on lui offrit
« d'un Pensionnat de Demoiselles à Béziers. Elle accepta et s'y rendit en nov.
« 1816 et le géra avantageusement pendant huit ans. Elle revint à Paris en
« juillet 1824. Son mari était mort le 16 mai 1819. Elle est morte à Paris le
« 2 février 1841, chez M. Pierre-Antoine Tardieu. C'est la dernière personne qui
« ait porté le nom de St-Aubin. Cette famille est maintenant éteinte.

« 2° Le...... 1761, un fils mort à 23 ans, en 1784.

« 3° Le 15 mai 1762, un fils nommé Louis-Charles. Il apprend le métier de
« Plumassier. Il végette faute de moyens intellectuels. Il est honnête homme,
« mais pauvre. Il est le dernier mâle existant de la famille des Saint-Aubin. Il
« est mort le 26 août 1833, à 7 heures du soir. D'une liaison passagère avec
« Michelle-Guillaume Jouanne, fleuriste, il a eu une fille naturelle Marie-
« Joséphine de Saint-Aubin, née le 13 floréal an VI, de la République française,
« 2 mai 1798.

« Les enfans de Mme Richard sont :

« 1° Le 15 juin 1779, Louis, mort en Italie, militaire.

« 2° Le 10 juillet 1783, Jacques-Charles, brigadier au 3ᵉ dragons. Blessé et
« prisonnier à la bataille de Coimbre, le 3 octobre 1810, conduit à l'hôpital à
« Lamego en Portugal. Emmené prisonnier en Angleterre. Était à Portsmouth
« le 1ᵉʳ octobre 1812. 4° enrég. Portsmouth n° 87. Mort dans les prisons d'Angle-
« terre, on a toujours caché à sa mère la certitude de son trépas.

« NOTES DIVERSES.

« Jacques-Roch Donnebecq, né en 1732, le 17 octobre, étoit Plumassier du
« Roy, rue de Grenelle Saint honoré. Il épousa, le 19 février 1773, Marie
« Françoise de Saint-Aubin. Il est mort à Fontainebleau, le 30 Messidor an 6 de
« la République française, le 18 juillet 1798, vieux style.

« Claude-René de Bonnaire, né le 20 janvier 1759, à Ury, près Fontainebleau,
« Greffier au Chatelet de Paris, fils de Claude-Gabriel de Bonnaire, sindic
« perpétuel de la Paroisse d'Ury, diocèse de Sens et receveur des vingtièmes de
« la ditte paroisse et de Genevieve Rongeard, épousa, le 7 février 1786, Catherine
« Noelle (ditte Rose) de Saint-Aubin. Il exerca successivement les professions
« d'homme d'affaires et de Commissaire priseur. Il perdit sa femme le 2 mars
« 1813, et se remaria le 22 janvier 1816 à Benedicte.... Jacquinet, veuve Parisot,
« morte le 20 juin 1819. Il est mort à Paris à la suite d'une attaque d'apoplexie
« et de paralysie, le 8 avril 1845, à 3 heures 10 minutes du matin, âgé de 86 ans,
« 2 mois et demi.

« Louise-Nicolle Godeau, née à Paris le 25 juillet 1742, fut mariée en 1764 à
« Augustin de Saint-Aubin, elle est morte à Paris, rue des Maçons-Sorbonne, le
« 20 mars 1814, âgée de 72 ans. »

NOTE 2

Histoire de Charles-Germain de Saint-Aubin.

« Je, Charles Germain de Saint Aubin, suis né à Paris le 17 janvier 1721.
« Nourri à Gonesse par une grosse sans soucis. Mon Père brodeur eut assez de
« peine à élever quinze enfans dont je suis l'aîné. Il me fit apprendre à dessiner
« l'ornement chez Dutrou assez bon maître. Mes succès dans ce genre d'étude et
« quelques dispositions naturelles déterminèrent mon père à m'en faire un état.
« Cependant il refusa plusieurs occasions de me laisser aller me perfectionner
« dans les fabriques de Lyon. Je restai à l'aider dans son commerce jusqu'en 1745
« que je fus loger dans un petit appartement de 40 écus, rue de la Verrerie, avec
« la crainte de ne pas faire de quoi payer mon terme. La première année je
« gagnai mille écus. Mon extrême assiduité à inventer sans cesse de nouveaux
« dessins de broderie, un goût décidé pour le travail, l'envie de paroitre, joints à
« une santé délicate, fut cause que je m'excedai. L'amour et ses tracasseries vint
« me rachever. On parla mariage, j'éloignai tant que je pus ce lien, mais je
« m'enchainois de plus en plus. Ma maitresse fut en Lorraine, travaux, soins,
« inquiétudes. Mes sourcils ainsi que mes cheveux blanchirent sans maladie, mes
« dents tombèrent. Le nombre de mes amis bruyants et jouissants ne firent qu'une
« légère distraction à ma Passion. Enfin pressé par mon attachement et par ma
« conscience, je me mariai le 26 janvier 1751 à Françoise Trouvé, qui n'apporta
« en dot qu'une aimable figure, une jolie voix, l'usage et le gout des plaisirs et
« de la Société. Je pris alors le titre de Dessinateur du Roi, que personne ne me

« contesta. Il fallut des bijoux. Il fallut visiter, monter une maison. Ainsi
« augmentation de travail et de dépense. Mon gout sédentaire, des passions
« modérées ne m'ont encore fait éprouver qu'une situation douce, point de
« grandes affaires, point de grandes peines, une vie égale et bornée, une légère
« connaissance des arts et de la nature suffit pour m'intéresser à leurs produc-
« tions. Les concerts, les cabinets de tableaux ou d'histoire naturelle, la gravure
« et surtout la lecture, sont les objets de mon délassement. L'Économie et mes
« travaux me font éviter les fréquentes parties de plaisir. J'ai trois enfans que
« j'aime et qui vont devenir l'objet de toutes mes réflexions.

« Le 11 septembre 1759, après treize jours d'une malheureuse couche, je perds
« ma femme suffoquée par un dépôt. Elle est morte sans s'en appercevoir, malgré
« les soins et les secours de la plus tendre affection. Mes effets en me mariant se
« montaient à huit mille livres, par mon inventaire ils montent à soixante-dix
« mille. Je reste un an à consulter sur le parti que je veux prendre. Je mets mon
« fils en pension, la petite Rose chez sa bonne maman, et ma fille aînée reste
« avec moi.

« En 1760 ma sœur vient demeurer avec moi, elle conduit ma maison. Je
« continue mon dessin. On me nomme le premier de mon état. Une maison de
« commerce (Mr Dufourny M^d de dentelles de la Reine rue du Boule) me donne
« 1200 livres pour m'empêcher de travailler pour ses confrères. Ce que je fais pour
« elle est payé à part. Il faut un objet à mon âme, je me livre pendant dix ans à
« une amitié douce tendre et presque exclusive, mais rien n'est stable.

« En 1769 un Édit du Roi réduit à moitié soixante mille livres de papiers
« Royaux amassés sous à sous pour mes enfans, ce sont eux qui perdent à cela.
« La goutte commence à me tourmenter. En 1770 je vais en Flandre faire une
« promenade, voir des tableaux et des manufactures de dentelles, mon crayon
« paye mon voyage. La même année je donne à l'Académie des Sciences un
« mémoire avec figures sur la broderie, qu'elle veut bien adopter et qu'elle fait
« imprimer. Je fais graver douze grands chiffres en fleurs, cette bagatelle durera
« plus que moi. En 1771 je vais à Lyon et en Provence, belle province, voyage
« gracieux, les hommes sont partout les mêmes.

« En 1773, 19 février, je marie ma fille aînée, (objet de tous mes soins,
« charmant caractère) à Jacques Roch Donnebecq Plumassier du Roi. Il doit son
« établissement, j'aide à le payer. C'est un bon garçon qui a plus de conduite
« que d'esprit, je compte avoir fait une bonne affaire. Le 21 Novembre 1775 je
« perds mon oncle, parent unique, ma sœur aura le peu qu'il laisse. 1777 je
« perds ma pension de 1200 fr. La mode de la Broderie et de mon petit talent se
« ralentit, il faut songer à la réforme et à la retraite, je me suis préparé de loin,
« cela ne me coutera rien. Mes amis décampent pour l'autre monde, ils m'appelent.
« Une confession bien sincère ferait ici le tableau du peu que je vaux. Janvier
« 1780 je marie ma fille Rose à Pierre Adrien Parisy notaire à Fontainebleau, il
« paroit doux intelligent, me voila presque indépendant, aurai-je quelques
« instans à vivre pour moi ? Le 15 Juillet ma sœur va demeurer chez Donnebecq.

« Les engagemens, la maladie et les revers de Parisy me désolent. Il meurt
« insolvable le 15 Novembre 1781, ma fille revient chez moi. Elle se remarie le
« 7 février 1786 à M^tre René de Bonnaire Greffier au Chatelet. — Charles
« Germain de S^t – Aubin est mort à Paris le 6 Mars 1786.

NOTE 3

NOTICE SUR GABRIEL DE SAINT-AUBIN.

« Gabriel Jacques de Saint-Aubin, né le 14 avril 1724, montra dès sa plus

« tendre jeunesse un goût décidé pour l'étude. Toujours sérieux, il apprit de
« bonne heure à dessiner chez Sarrazin fameux copiste. Il suivit longtemps
« l'Académie Royale, gagna les prix de dessin et le second prix de peinture 1753.
« Il se contenta des conseils de MM. Jeaurat et Boucher. Quelques préférences
« injustes lui firent abandonner l'envie d'aller à Rome. Il se livra de bonne heure
« à son génie, chargea ses compositions de trop de savoir et de détails. Il professa
« longtemps le dessin dans la nombreuse école de Blondel, architecte. Dans ce
« temps il négligea la peinture, et se livra à plusieurs genres de connaissances. Il
« avait une belle mémoire et parlait hardiment à la satisfaction même des Profes-
« seurs dans différentes sciences. Il évitait les jeunes gens, ne donnait rien à
« l'usage, ni aux plaisirs de la jeunesse. Il fit peu de tableaux, qu'il gâta même
« en les corrigeant et les repeignant plusieurs fois. Un tremblement de Terre de
« Lisbonne que les artistes ses contemporains ont vu avec plaisir, est devenu
« affreux par les additions et corrections qu'il y a faites à plusieurs reprises.
« Aussi Mlle Arnoult le voyant dessiner se mit à dire « St-Aubin n'a point de
« dents, il fait plus de croûtes qu'il n'en mange ».

    « Il a mieux réussi dans plusieurs vues du Salon d'exposition des Tableaux au
« Louvre où chaque composition est reconnaissable. Un triomphe de l'amour sur
« tous les dieux projet de plafond suffirait à sa réputation. Sa principale occu-
« pation fut de dessiner quelques allégories, l'histoire Romaine expliquée par
« M. Philippe de Pretault, et surtout les cabinets de tableaux dont on faisait la
« vente. Il les représentait si rapidement et si juste sur la marge des catalogues
« que plusieurs sont fort intéressans. Il dessinait en tout temps et en tous lieux.
« S'il allait à la promenade son crayon mettait à contribution les passans. Les
« séances académiques n'étaient pour lui qu'un tableau mouvant dont il faisait
« une esquisse. Greuze a fort bien dit que St-Aubin avait un priapisme de dessin.
« Un vendredi saint s'étant placé dans la nef de Notre-Dame pour entendre un
« celebre Prédicateur, il tira son livre par habitude et se mit à dessiner l'orateur.
« Les personnes placées près de lui le regardèrent faire, celles de devant se
« retournaient, celles de derrière se haussaient sur leurs chaises, enfin il attira si
« fort l'attention des auditeurs, que le Prédicateur suspendant son discours se
« prit à dire, « quand les yeux seront satisfaits, j'espère qu'on me prêtera
« l'oreille ».

    « Cette passion jointe à l'envie de tout voir, était si forte qu'il avait une
« négligence extrême de son extérieur et de sa santé. Aussi est-il mort dans un
« dépérissement total de la nature le 14 février 1780 âgé de 55 ans. Il était
« singulier, bisarre, farouche et mal propre. Souvent avant de sortir de chez lui,
« il frotait de crayon blanc ou ses cheveux pour les poudrer, ou ses bas pour les
« blanchir. Il a laissé un grand nombre de dessins curieux. Le Baron de S. Julien
« a acquis la majeure partie de ses catalogues. Nous avons plusieurs estampes
« gravées d'après ses dessins, et quelques eaux-fortes où l'on reconnaît son
« génie.

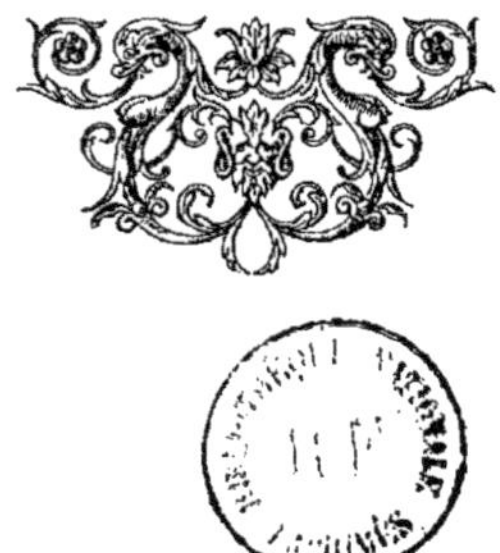

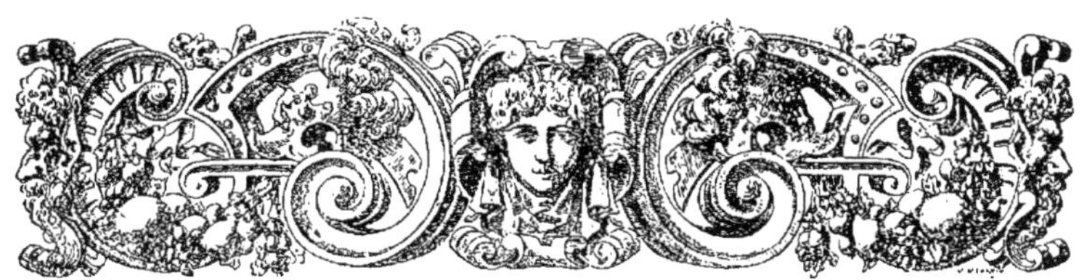

ORDRE DES VACATIONS

Vendredi 26 *Mai* 1893

Nᵒˢ 8-78.

Samedi 27 *Mai* 1893

Nᵒˢ   79-110
1-7
113-125
112-111.